Erziehung

Mal anders

INHALT

DER WEG ZU UNSEREN KINDERN

BEZIEHUNG ODER ERZIEHUNG?

Eltern suchen Rat, weil sie besser mit ihren Kindern zurechtkommen wollen. Sie haben gemerkt, dass in ihrer Eltern-Kind-Beziehung etwas schiefläuft, und wollen es gern anders machen als früher. Sie suchen nach neuen Wegen. Vor allem aber möchten sie, dass es ihren Kindern gut geht! Ein beziehungsorientierter Umgang miteinander trägt wesentlich dazu bei und ist Grundlage für eine vertrauensvolle Atmosphäre innerhalb der gesamten Familie.

GIBT ES DIE »RICHTIGE« LÖSUNG?

Immer wieder stellen Eltern die Frage: »Was soll ich tun?« Oder: »Wie soll ich in einer schwierigen Situation handeln?« Diese Art, mit Problemstellungen umzugehen, kann in anderen Zusammenhängen sinnvoll sein. Um jedoch Kinder gut begleiten zu können, ist es wichtig, ihre ENTWICKLUNG zu verstehen. Wir sollten also nicht den zweiten Schritt vor dem ersten machen und uns zunächst fragen: »Was brauchen eigentlich unsere Kinder? Was brauchen sie grundsätzlich, um gut aufwachsen zu können und sich optimal zu entwickeln?« Da Kinder jedoch auch unterschiedliche Charaktereigenschaften mitbringen und vielfältige individuelle Persönlichkeitsmerkmale aufweisen, dürfen und müssen wir auch fragen: »Was genau braucht mein Kind?« Die Frage »Was soll ich tun?« beantwortet sich dann wesentlich leichter, denn die Antwort ergibt sich vor allem aus den emotionalen Bedürfnissen Ihres Kindes. Es ist also sinnvoll, genauer hinzuschauen.

DIE BEZIEHUNG BERÜCKSICHTIGEN

Um individuelle Antworten für Eltern in der Beratung zu finden, sind die Beziehungen der Beteiligten untereinander und die emotionale Ebene für mich zunächst von großer Bedeutung. Das heißt, ich arbeite auf der Beziehungsebene. Ich schaue mir die Verflechtungen an, was die Beziehung zum Beispiel zwischen Mutter und Sohn oder Vater und Tochter ausmacht, wie sie »funktioniert« und was man daraus ableiten kann. Sprich: Mein Blick auf die Zusammenhänge ist zunächst auf das System der Familie bezogen und beziehungsorientiert. Erst dann im zweiten Schritt geht es um mögliche Lösungen. Hiermit habe ich gute Erfahrungen gemacht. Dieses Vorgehen heißt aber auch: Es gibt keine Rezepte und es braucht ein wenig Zeit – es lohnt sich aber sehr und wirkt sich positiv auf das Zusammenleben in der Familie aus. Eltern können so zunächst auf die jeweiligen Bedürfnisse aller Beteiligten schauen: Was genau braucht dieses Kind und welches Bedürfnis entsteht in mir? Dies in elterlicher Verantwortung abzuwägen und daraus Lösungswege zu entwickeln, welche die aktuelle Situation, aber auch die Persönlichkeit des Kindes und die der Eltern berücksichtigen, ist ein wesentlicher Baustein der guten Eltern-Kind-Beziehung.

Kindliches Verhalten verstehen und reflektiert reagieren

Wir können heute wichtige Erkenntnisse über die Entwicklungsphasen von Kindern nutzen und daraus Konsequenzen für unser Handeln und Schlussfolgerungen für unseren Umgang mit Kindern ziehen. Viele Forschungsergebnisse sind noch nicht oder noch nicht genügend in den Erziehungsalltag eingeflossen. Dabei sind Informationen und vertieftes Wissen über die emotionale, seelische und geistige Entwicklung grundlegend und Voraussetzung dafür, dass wir Kinder besser verstehen und ihr Verhalten den entsprechenden Entwicklungs- und Wachstumsphasen zuordnen können. Denn nur so können wir dann auch erkennen, was Kinder wirklich brauchen, und sinnvolle Strategien für einen guten Umgang mit ihnen daraus entwickeln.

Viele Erziehungsratgeber suggerieren jedoch, man könne Kinder nach Rezept »versorgen«, und verunsichern so mehr, als dass sie helfen. Denn sie verallgemeinern häufig und bleiben oft ausschließlich auf der Ebene der konkreten Handlungsanweisung für Eltern. Zwar mag die vorgegebene Lösung dann vielleicht auch manchmal passen. Aber weil Menschen individuelle Persönlichkeiten sind und Konstellationen und auch Situationen immer variieren gibt es eben

nicht DIE Lösung und
nicht die EINE Lösung und
auch nicht die RICHTIGE Lösung
und schon gar nicht DIE EINE RICHTIGE Lösung!

Was im Umkehrschluss allerdings auch bedeutet: Es gibt auch nie wirklich die »falsche« Lösung. Ich empfinde diese Erkenntnis als äußerst entlastend für uns Eltern.

Es gibt also kein wirkliches »Richtig« oder »Falsch«. Und doch fühlt sich manches richtig oder falsch, gut oder auch nicht so gut für uns Erwachsene an. So finden sich erst mal einfach nur Lösungen. Und manche dieser Lösungen, die wir uns ausgedacht haben, »funktionieren« und manche eben auch nicht. So machen wir viele spannende Erfahrungen und probieren uns in der Beziehung zu unseren Kindern aus. Das dürfen wir als Eltern und entwickeln uns dabei mit unseren Kindern weiter und wachsen als Eltern auch immer ein gutes Stück mit!

DAS EIGENE HANDELN REFLEKTIEREN

Auch die Frage, warum wir etwas tun oder nicht tun, steht vor der Frage, was wir tun können. Das heißt: Zunächst Gedanken sortieren, Haltung überdenken und erst dann handeln. Denn wenn wir für uns selbst unser eigenes Verhalten und Handeln verstehen und dann auch erklären und begründen können, können wir auch die Beziehung zu unseren Kindern stimmig gestalten. Leider nehmen wir uns im Alltag für die Selbstreflexion häufig zu wenig Zeit: Oft sind wir deshalb unentschlossen, reagieren zu schnell und überlegen vor unserer Entscheidung nicht genau, auf welcher Grundlage wir sie treffen.

Die 8-jährige Veronika ist vor einer Reise aufgeregt. »Kann ich noch schnell heißes Wasser in die Thermoskanne füllen und Apfeltee für die Reise machen, Mama?« Ihre Mutter schaut vom Koffer hoch, den sie gerade zu schließen versucht. »Nein, finde ich nicht gut.« – »Warum nicht?«, fragt Veronika. »Ich bin auch vorsichtig im Auto.« – »Nein!«, beharrt ihre Mutter. Veronika guckt verständnislos. »Schade …«, sagt sie enttäuscht. Ihre Mutter schaut hoch: »Warum eigentlich nicht?«, beginnt sie einen inneren Dialog mit sich. »Warum will ich das jetzt nicht?«, fragt sie sich prüfend. »Mama, das Wasser im Kocher ist schon etwas abgekühlt«, ruft Veronika. »Ich könnte schnell die Teebeutel reinhängen und mache die Kanne auch nicht ganz voll, dann können wir unterwegs warmen Tee trinken.«

»Eigentlich eine gute Idee«, schließt Veronikas Mutter ihren inneren Dialog ab und entscheidet sich um. »Ja, du hast recht, Veronika. Das ist eine gute Idee. Wenn das Wasser schon etwas abgekühlt ist und die Kanne nicht ganz voll ist, dann können wir das so machen.«

Veronikas Mutter konnte hier in einem inneren Dialog mit sich selbst in einigen Sekunden das WARUM für ihren ersten Entschluss (»ich will es nicht«) überprüfen. Und sie konnte sich auf dieser Basis schließlich anders entscheiden (»gute Idee«). Neben dem Warum ist aus meiner Sicht jedoch auch das WIE entscheidend (»reagiere ich wertschätzend oder grob?«). Die Situation hätte auch so ausgehen können:

»Nein«, denkt Veronikas Mutter. »Ich möchte es jetzt einfach nicht, meine Bedenken sind zu groß und es ist mir gerade zu viel.« Sie ist innerlich entschieden und antwortet: »Veronika, eigentlich eine gute Idee! Für eine andere Fahrt. Wir haben jetzt schon Getränke im Auto. Das nächste Mal denken wir früher dran.«

Veronikas Mutter vertritt freundlich ihren Standpunkt und ist geduldig geblieben. Das gelingt uns nicht immer – und doch ist es grundlegend im Umgang mit Kindern. Es ist wichtig, dass wir darauf achten, wie wir miteinander umgehen, unabhängig davon, zu welchem Resultat wir gekommen sind. Beide Lösungen sind nachvollziehbar.

So einfach, wie wir es gerne hätten, ist es mit den vermeintlich richtigen Lösungen also nicht. Es geht immer darum, eigene Wege für sich zu begründen und dabei auch die Individualität der Beteiligten zu berücksichtigen. So sind wir also auf der Suche nach Orientierung und die vielen gut gemeinten Ratschläge – aus Büchern, von der Oma, von Freunden … – führen meistens nur zu einem: zu Ratlosigkeit.

RATLOS? DAS IST AUCH EINE CHANCE!

Aber ratlos zu sein, das ist nicht schlimm! Ratlosigkeit ist zwar kein schönes Gefühl, denn es macht uns erst mal hilflos und manchmal auch handlungsunfähig. Wir können Ratlosigkeit aber auch nutzen – als Chance, Platz für neue Gedanken zu schaffen. Niemand weiß immer alles und schon gar nicht sofort. Gerade in der heutigen Zeit, in der wir oft ruhelos durch das Leben hetzen und ständigem, rasantem Wandel ausgesetzt sind. Wir können – und dürfen – also auch einmal innehalten und uns Zusammenhänge anschauen. Es ist erlaubt, ratlos zu sein! Denn dann können wir überlegen, was uns wirklich wichtig ist.

WAR ES FRÜHER LEICHTER?

Aber früher, da wussten doch alle immer alles ganz genau! Oder? Warum erscheint es heute so schwierig? Es liegt im Wesentlichen am gesellschaftlichen Wandel: Das Frauen- und Mutterbild hat sich stark verändert. Frauen sind heute viel häufiger berufstätig. Die Scheidungszahl ist gestiegen, die Geburtenrate ging zurück und es haben sich neue Lebens- und Wohngemeinschaften herausgebildet. Wir haben es also mit einer größeren Vielfalt von Familienformen zu tun. Die Vorstellung, so und nicht anders hat Familie zu sein, müssen Kinder erzogen werden, ist überholt. Das verunsichert Eltern natürlich. Diese Entwicklung eröffnet jedoch die Möglichkeit, persönliche Vorstellungen herauszubilden und neue Lebenskonzepte zu entwerfen.

Kennen Sie noch den Satz aus Ihrer Kindheit: »Das macht man nicht!«? Bestimmt! Dieses unpersönliche MAN mit seinen unendlich vielen Regeln und Normen, die es transportiert, lässt kaum Raum zum Hinterfragen. Und obwohl wir es heute anders machen wollen, bestimmt das »Man« ganz oft noch unser Handeln im Umgang mit Kindern. Darin liegt ein unterschwelliger Vorwurf, den Eltern ihren Kindern häufig unbewusst machen. Er symbolisiert überkommene Werte wie Gehorsam, Anpassung und Unterwerfung. Allerdings wissen wir heute sehr viel mehr über die kindliche Entwicklung und darüber, was Kinder brauchen. Deshalb fühlen wir uns auch nicht mehr wohl mit einem autoritären Erziehungsstil. Wir wollen einfühlsame und verständnisvolle Eltern sein. Dieser Rollenwechsel ist eine Herausforderung.

DIE AUTHENTISCHE ELTERN-PERSÖNLICHKEIT

Wir stellen heute vieles, was früher für den Umgang mit Kindern gegolten hat, infrage. Wenn wir uns die Geschichte der Erziehung anschauen, dann ist das auch notwendig. Das heißt jedoch, dass wir nun selbst unseren Weg als Eltern suchen müssen, dass wir uns aufmachen müssen, neue Werte und Prinzipien zu finden, zu erproben und zu leben. Das Positive daran: Wir müssen das nicht nur, wir DÜRFEN es auch! Wir verstecken uns nicht mehr hinter dem »Man«, sondern zeigen uns mit unserer gesamten Persönlichkeit, unserem Gefühl und so auch mit unseren vermeintlichen Schwächen. Das ist erst mal neu und ungewohnt, denn wir müssen uns selbst hinterfragen und hinterfragen lassen. Für Kinder jedoch ist es wesentlich, dass Eltern für sie sichtbar sind, denn sie wollen wissen, was wir denken und fühlen. Sie brauchen glaubwürdige, authentische Eltern.

STEHEN SIE ZU SICH UND IHREM WEG!

Eltern haben es heute wirklich nicht leicht: Frauen, die ihre Berufstätigkeit zurückstellen und ihr Kind zu Hause betreuen, gelten anderen als konservativ, rückständig, unzeitgemäß. Mütter, die ihr Kind schon früh in die Kita geben, sehen sich schnell dem Vorwurf ausgesetzt, es zu vernachlässigen. Paare, die sich – angeblich – zu viel oder zu wenig um ihre Kinder sorgen, werden oft abschätzig als »Helikopter-« oder »Rabeneltern« eingestuft, die ihre Kinder zu »Tyrannen« heranziehen. Diese Bezeichnungen für Eltern und Kinder sind allesamt destruktiv. Nehmen Sie den gesellschaftlichen Druck nicht an und befreien Sie sich von der Vorstellung, perfekt sein zu müssen oder zu wollen! Dann ist schon viel gewonnen, denn Sie schaffen so nicht nur den Raum und die Möglichkeiten für eine kindgerechte, sondern auch für eine ELTERNGERECHTE WELT, in der Sie an der Seite Ihres Kind stehen dürfen und neue Wege im Umgang mit ihm gehen können. Lassen Sie sich als Eltern von niemandem schlechtmachen! Das verschafft Ihnen eine gute, sichere Position im Umgang mit Ihren Kindern.

EIN NEUER WEG – WAS STECKT DAHINTER?

Wie können wir nun aber einen neuen Weg finden? Wie können wir es anders machen, als wir es selbst erlebt haben? Um diese Fragen zu beantworten, ist es wichtig herauszufinden, was genau wir NICHT MEHR wollen, was genau uns am meisten stört im Alltag mit unseren Kindern. Konkret geht es meist darum, Machtkämpfe zu vermeiden und sich dennoch klar zu positionieren. Das bedeutet einerseits, den klassischen Erziehungsgedanken mit den Aspekten der

Belehrung – »Du sollst doch nicht …!«,
Bevormundung – »Mach das jetzt so!«,
Maßregelung – »Lass das jetzt!«,
Besserwisserei – »Ich hab dir doch schon so oft gesagt …!« und
Bewertung – »Du bist faul, so wird das nichts!«

beiseitezustellen, andererseits jedoch nicht in eine verantwortungslose Laissez-faire-Haltung zu verfallen oder dem Kind »stets zu Diensten« zu sein. Ziel soll sein, eine wertschätzende, klare und gleichzeitig einfühlsame Führungsrolle einzunehmen. Damit das gelingt, habe ich für Sie sieben Werte zusammengestellt, die Ihnen helfen, Ihren Weg zu einer authentischen, konstruktiven Eltern-Kind-Beziehung zu gehen.

WERTE ALS NAVIGATIONSHILFE

Lassen Sie alte Mechanismen hinter sich und entwickeln Sie neue Prinzipien für Ihre Familie! Es erwarten Sie in diesem Buch keine Verhaltensmaßregeln oder einfache Handlungsanweisungen. Es geht vielmehr um grundsätzliche Werte, die sich im Familienalltag als Navigationshilfe bestens bewährt haben. Sie lassen individuellen Spielraum und erlauben Ihnen, sich als Eltern weiterzuentwickeln. So gewinnen Sie Vertrauen in Ihre elterliche Intuition. Von einer guten Eltern-Kind-Beziehung profitiert die gesamte Familie und Ihr Alltag erfährt zunehmend Entlastung.

DIE NEUE ELTERN-KIND-BEZIEHUNG

ZWISCHEN NÄHE UND FREIRAUM

In herkömmlichen Erziehungsstilen steht Macht im Vordergrund. Vielmehr jedoch sollten wir Eltern verständnisvoll auf die Anliegen unserer Kinder eingehen und uns als Persönlichkeiten mit eigenen Bedürfnissen und Gefühlen zeigen. Dabei bewegt sich die Beziehung dynamisch im Spannungsfeld zwischen tiefer Verbundenheit und dem Streben nach Unabhängigkeit. Diese beiden Grundbedürfnisse sind von Geburt an in uns Menschen angelegt.

Es gibt verschiedene Erziehungsstile, zwischen dem autoritären auf der einen Seite und dem antiautoritären Stil auf der anderen gibt es viele Varianten. Heute verbreitet sind der autoritative und der demokratische Erziehungsstil.
Die AUTORITATIVE ERZIEHUNG ist im Vergleich zur autoritären Erziehung von mehr emotionaler Wärme dem Kind gegenüber gekennzeichnet. Gleichzeitig wird das Kind aber von elterlicher Seite auf ein Ziel hin gelenkt, wobei verschiedene Erziehungsmittel (etwa Belohnung und Strafe) zum Einsatz kommen können.
Die DEMOKRATISCHE ERZIEHUNG ist ebenfalls durch emotionale Wärme sowie durch Wertschätzung und Verständnis charakterisiert. Kommunikation spielt dabei eine zentrale Rolle: Die Kinder haben ein hohes Maß an Mitspracherecht; Regeln, Verhaltensweisen und Konsequenzen werden ausdiskutiert.

WIE HERKÖMMLICHE ERZIEHUNG FUNKTIONIERT

Auch wenn in neueren Erziehungsansätzen Wert darauf gelegt wird, auf die Bedürfnisse des Kindes einzugehen, bedienen wir uns doch nach wie vor der herkömmlichen Erziehung mit ihren spezifischen Mechanismen und Wirkungsweisen:
MACHT: Die machtvolle Position der Eltern wird für die Durchsetzung eigener Interessen genutzt.
GEWALT: Wenn nicht anders möglich, werden auch gewaltsame Maßnahmen zur Durchsetzung elterlicher Ziele angewandt.
ANPASSUNG: Ziel ist die Anpassung des Kindes an die Vorstellungen und Erwartungen der Erwachsenen.

SIEBEN HILFEN

- Eine gelingende, konstruktive BEZIEHUNG zwischen Eltern und Kindern steht im Mittelpunkt des Miteinanders.
- Dabei sollte die emotionale Entwicklung von Kindern feinfühlig berücksichtigt und mit ACHTSAMKEIT begleitet werden.
- Als Elternteil übernehme ich VERANTWORTUNG und lasse mein Kind auch Eigenverantwortung übernehmen.
- WERTSCHÄTZUNG leben heißt Grenzen zu wahren und zu achten.
- VERTRAUEN spielt eine Rolle als Selbstvertrauen des Elternteils ebenso wie Vertrauen in die Fähigkeiten des Kindes.
- Wir streben einen verantwortungs- und vertrauensvollen, achtsamen und wertschätzenden DIALOG mit unseren Kindern an.
- Ein gleichwertiges MITEINANDER von Eltern und Kindern ist unser Ziel.

GEHORSAM: Der Gehorsam des Kindes ist die grundlegende Bedingung und das Ziel der Erziehung.

Doch erreichen wir mit dieser Form von Erziehung, was wir Eltern uns wünschen, etwa dass Kinder zu eigenständigen und verantwortungsvollen Persönlichkeiten heranwachsen? Führen diese Mechanismen nicht eher dazu, dass Kinder vor allem lernen, sich anzupassen, und eher unselbstständig bleiben?

»Na ja«, denken Sie jetzt vielleicht, »ich erziehe doch gar nicht im herkömmlichen Sinn, ich nutze doch meine elterliche Macht gar nicht aus.« Doch im Alltag passiert es uns immer wieder, dass wir in alte Muster zurückfallen.

Moritz (acht Jahre) soll seine Hausaufgaben machen. Zunächst beginnt er motiviert, schreibt etwas in seinen Ordner. Doch dann lässt er sich auf sein Bett plumpsen und klappt ein Buch auf. Er beginnt zu lesen, bemerkt seine Mutter gar nicht, die ins Zimmer gekommen ist.
»Moritz, warum machst du denn deine Aufgaben nicht? Du liegst hier rum und machst nix und liest nur! Wir haben doch gesagt, dass du erst alle Hausaufgaben erledigen sollst, das hatten wir so besprochen, das war abgemacht!«, ruft die Mutter empört. Moritz springt erschrocken auf und versucht stotternd, sich zu erklären: »Ich hab doch schon, aber ... Das Buch ist gerade so spannend und ich wollte nur kurz das Kapitel zu Ende lesen, Mama.« – »Jedes Mal das Theater mit den Hausaufgaben!«, ruft Moritz' Mutter ärgerlich. »Es reicht jetzt wirklich, wenn in 20 Minuten deine Hausaufgaben nicht erledigt sind, dann ist deine Computerzeit für heute gestrichen!« Moritz schaut entsetzt. »Nein, Mama, das ist unfair! Ich hab so viele Aufgaben auf!« – »Ja, aber du hattest genügend Zeit, Moritz! So ist das, wenn man bummelt. Merk dir das!« Moritz lässt die Schultern hängen und setzt sich traurig auf die Bettkante. Seine Mutter verlässt wütend das Zimmer.

Es geht jetzt nicht darum festzustellen, ob Moritz' Mutter hier »richtig« oder »falsch« gehandelt hat oder ob sie eine »gute« oder »schlechte« Mutter ist. Es geht mir vielmehr darum aufzuzeigen, dass sie klassischen Methoden und Mechanismen folgt, die den sieben Werten (siehe Kasten) entgegenstehen: ERZIEHUNG (Moritz' Bedürfnis spielt keine Rolle, es zählt nur das Interesse der Mutter, was die Beziehung belastet), BEVORMUNDUNG (»Es reicht jetzt!«) und BELEHRUNG (»So ist das nun mal!«, »Jetzt musst du dich dann eben beeilen!«), ABWERTUNG (Wortwahl der Mutter: »Theater«, »rumliegen« »nix machen«, »bummeln«) und Grenzüberschreitung (Mutter kommt einfach ins Zimmer), KONTROLLE (Mutter macht Vorgaben: Erledigung der Aufgaben in 20 Minuten), MONOLOG (Mutter redet viel und alleine, Moritz wird kaum gehört; was er sagt, zählt nicht), GEGENEINANDER (Mutter setzt sich machtvoll durch, greift Moritz verbal an).

NÄHE UND WÄRME KOMMEN ZU KURZ

Moritz' Mutter will – wie alle Eltern – das Beste für ihr Kind. Jedoch ist der Preis, den sie zahlt, hoch, wenn sie im herkömmlichen Erziehungsmodell verharrt, denn: Die Atmosphäre in der BEZIEHUNG zueinander wirkt hier nicht warm und nah. Wenn man sich einmal vorstellt, eine ähnliche Situation wie diese würde sich unter Erwachsenen abspielen, dann wird sofort deutlich, dass daran etwas nicht stimmt. Mit unserem Partner würden wir nicht so umgehen. Warum aber dann mit Kindern? Warum verletzen wir auf diese Weise ihre persönlichen Grenzen, obwohl wir das ja eigentlich gar nicht wollen? Auf den folgenden Seiten werden wir Antworten auf diese Fragen suchen. Denn bevor wir die Beziehung zu unseren Kindern neu gestalten, sollten wir herausfinden, warum wir oft noch im herkömmlichen Sinn »erziehen«.

STRUWWELPETER UND SCHWARZE PÄDAGOGIK

Das immer noch berühmteste Buch über die angebliche Notwendigkeit von kindlichem Gehorsam ist Heinrich Hoffmanns 1845 erstmals erschienener »Struwwelpeter«. In dem Buch veranschaulicht der Autor in Bildern und Versen die Grundsätze der »Schwarzen Pädagogik«, die auf dem Gehorsamsprinzip aufbaut und auf der – auch heute noch nicht ganz überwundenen – Vorstellung vom »bösen« Kind, das »schlecht« auf die Welt kommt und sich nur dann zum guten entwickelt, wenn wir Zwang ausüben und es zum Gehorsam erziehen.

Geprägt wurde der Begriff »Schwarze Pädagogik« von der Soziologin und Pädagogin Katharina Rutschky. Er ist ein Sammelbegriff für Erziehungsmethoden, die auf Gewalt, Einschüchterung und Strafe beruhen. Auch die Psychologin Alice Miller hat sich wie Rutschky kritisch mit der Schwarzen Pädagogik und deren Folgen auseinandergesetzt.

Eine Vertreterin der Schwarzen Pädagogik, die weit bis ins 20. Jahrhundert hinein Einfluss hatte, war die nationalsozialistische Ärztin Johanna Haarer.

WARUM WOLLEN WIR UNBEDINGT ERZIEHEN?

Wir lieben unsere Kinder und wollen das Beste für sie. Doch warum schaffen wir es oft nicht, unsere Liebe auch in liebevolles Handeln zu übersetzen?

Eine Erklärung dafür, dass wir unseren Kindern – mal mehr, mal weniger stark – mit Macht begegnen, ist: Sie aktivieren mit ihrem Verhalten unsere eigenen aggressiven Gefühlsanteile. Wir werden wütend, weil sie nicht das tun, was wir für richtig halten, beziehungsweise weil unser Anliegen (»Mach bitte deine Hausaufgaben«) nicht gehört wird. Die Wut lässt sich nicht unterdrücken und entlädt sich ungefiltert in Strafmaßnahmen wie »Jetzt hast du nur noch 20 Minuten Zeit für deine Hausaufgaben«. Wir glauben, dass wir uns durch eine solche Erziehungsmaßnahme besser Gehör verschaffen können. Wir unterstreichen quasi unsere Wut mit einer Maßnahme. Als wollten wir uns rächen: »Wie du mir, so ich dir.«

Ein weiterer Grund für unseren Reflex zum aktiven Erziehen scheint zu sein: Wir haben Angst, unsere Macht und damit die Kontrolle über das Kind zu verlieren. Wir sind besorgt, dass »alles aus dem Ruder läuft«, dass die Kinder uns »auf der Nase herumtanzen«, wenn wir nicht »durchgreifen« – alles Relikte aus der Schwarzen Pädagogik. Und um unsere Macht als Eltern zu erhalten, verlangen wir Gehorsam von unseren Kindern und wenden Methoden an, die wir selbst erfahren, manchmal sogar durchlitten haben.

ZWISCHEN DEN ZEILEN

Moritz' Mutter erscheint in dem Beispiel wenig liebevoll und zeigt wenig Verständnis für ihr Kind. Sie liebt ihren Sohn jedoch, auch wenn sie sich nicht liebevoll verhält. Sie fühlt sich absolut verantwortlich in ihrer Rolle als Mutter und sie möchte diese Rolle besonders gut ausfüllen. So glaubt sie, dass sie ihren Sohn nicht anders als mit Drohung und Strafe (»Wenn du nicht …, dann …«) zum Hausaufgabenmachen bringen kann. Vielleicht wird sie auch ihr Ziel erreichen, nämlich: dass Moritz demnächst seine Aufgaben immer sofort macht. Zu einem hohen Preis jedoch, denn die Beziehung zwischen Mutter und Sohn wird so ganz unnötig belastet und beide bleiben unglücklich zurück. Die Botschaft, die zwischen den Zeilen bei Moritz ankommt, ist: »Wenn ich etwas sage, musst du gehorchen.« Moritz lernt daraus, dass seine Mutter stärker und machtvoller ist als er. Sie ist diejenige, die bestimmt und Entscheidungen fällt, die ihn betreffen. Und er lernt darüber hinaus, dass seine eigene Persönlichkeit nicht den gleichen Wert hat wie die seiner Mutter, wodurch er in seiner Handlungsfreiheit und seinem Recht auf Selbstbestimmung stark eingeschränkt wird. Langfristig kann das dazu führen, dass sich Kinder dann eben nicht zu selbstständigen, verantwortungsvollen, sondern zu unselbstständigen und angepassten Persönlichkeiten entwickeln.

»Unsere Kinder können doch nicht machen, was sie wollen, sie brauchen doch Führung!«, würde Moritz' Mutter nun sagen und vielleicht ist das auch gerade Ihr Gedanke. Ja, genau darum geht es: Kinder brauchen Führung. Die Frage ist, auf welche Art und Weise Eltern führen und welche Erfahrungen Kinder machen dürfen. Es geht darum, dass wir – ohne unsere Macht als Eltern zu missbrauchen und ohne die Grenzen der Kinder zu überschreiten – eine wertschätzende und klare Führungsrolle und einen liebevollen Umgang mit unseren Kindern finden können.
Wir wissen heute so viel mehr darüber, was Kinder brauchen, um sich gut zu entwickeln, und es ist unsere Aufgabe als Eltern, die Beziehung zu unseren Kindern entsprechend zu gestalten. Es geht dabei um eine gute, tragfähige Beziehung, die unseren Kindern Schutz und Sicherheit genauso bietet wie Freiheit und Selbstständigkeit.

Welche Führung brauchen Kinder?

Wichtig für eine gute Eltern-Kind-Beziehung ist unter anderem, dass die Erwachsenen für die Kinder präsent sind, dass sie eine Haltung einnehmen und authentisch sind. Ist das nicht der Fall, übernehmen Kinder die Führung selbst. Das wird am folgenden Beispiel sehr deutlich:

Die etwa sechsjährige Josephine ist mit ihren Eltern in der Schwimmhalle aufgetaucht. Die Mutter hält die Hand des Mädchens, das jedoch unzufrieden wirkt und trotzig die Hand der Mutter mit einer großen Geste von sich schleudert. Josephine verzieht das Gesicht, schaut missmutig ihre Mutter an und verschränkt die Arme vor der Brust. Dann macht sie ein, zwei Sprünge zum Vater und sucht dessen Hand. Der Vater greift liebevoll zu und versucht, das Kind aufzumuntern. Er zeigt auf die Liegestühle und erklärt, dass sie zunächst die Handtücher und alle anderen Sachen dort ablegen müssen, bevor sie ins Wasser steigen können. Das Mädchen wirkt immer noch unwillig, verschränkt wieder die Arme vor der Brust, streckt dann beide Hände aus und möchte offensichtlich, dass ihre Eltern sie in die Mitte nehmen. Die greifen beide freundlich lächelnd zu.

So bewegt sich die Dreiergruppe nun langsam auf die Liegestühle zu und diskutiert, welche drei Sitzgelegenheiten es sein sollen. Der Vater entscheidet sich für einen Platz, legt sein Handtuch ab und setzt sich, seine Frau folgt ihm. Josephine steht – weiterhin unzufrieden und missmutig – vor den beiden. »Nein, nein, da!«, sagt sie und deutet auf Liegen, die zwei Meter weiter entfernt stehen.

»Aber Finchen, jetzt sitzen wir doch hier«, versucht es der Vater vorsichtig. »Ich will aber da«, jault Finchen. »Na gut«, seufzt die Mutter lächelnd, steht auf, streicht ihrer Tochter im Vorbeigehen über den Kopf und setzt sich auf einen der von Finchen bevorzugten Liegestühle. »Meinst du diese hier?«, fragt sie sanft. Auch der Vater hat den Platz gewechselt. »Ja, eigentlich schon«, setzt das Mädchen an, »aber die da hinten sind noch besser.« Sie zeigt auf die Liegestühle am anderen Ende des Schwimmbeckens.

»Ach, die meinst du. Komm, jetzt lass uns hier bleiben! Hier können wir auch gut alle Becken sehen«, versucht der Vater seine Tochter zu überzeugen, denn er hat mittlerweile ein Buch, die Zeitung und Handtücher aus dem Rucksack geräumt. Das Mädchen jedoch ist damit gar nicht einverstanden. Sie hüpft ungeduldig auf und ab. »Neiiiin, die da hinten«, hallt es schrill.

Jetzt versucht es die Mutter: »Aber Finchen, schau mal, wir sind doch schon auf diese Stühle hierher gewechselt, jetzt lass uns doch hier bleiben! Sollen wir erst mal was zu trinken kaufen?« »Nein!«, schreit Finchen und stürmt heulend auf die neu auserwählten Liegestühle am Ende des Schwimmbeckens zu. Sie lässt sich dort nieder und dreht sich mit verschränkten Armen zu ihren Eltern um. Diese machen sich tatsächlich wieder auf den Weg. Der Vater klemmt sich die bereits ausgepackten Utensilien unter den Arm und so setzen sich die schwer bepackten Eltern wieder in Bewegung und gehen ans andere Ende der Schwimmhalle, wo Finchen zusammengekauert auf einem

der Liegestühle wartet. Als die Eltern fast bei ihr angekommen sind, setzt sie sich auf und fragt unvermittelt: »Kann ich Pommes haben?«
»Erst mal auspacken, oder? Und wollen wir nicht erst mal schwimmen?«, fragt der Vater. »Lass sie doch!«, sagt die Mutter – und zu ihrer Tochter gewandt: »Willst du nicht lieber eine Pizza haben?« Es entwickelt sich wieder ein Hin und Her, bis schließlich Mutter und Tochter gemeinsam zum Kiosk gehen und mit einem Burger, einer Pizza und etlichen Getränken wieder zurückkommen. Kurz bevor sie die Liegestühle erreicht haben, werden sie allerdings vom Bademeister angesprochen, der ihnen mitteilt, dass am Becken keine Speisen verzehrt werden dürfen. Finchen bricht wieder in lautes Gebrüll aus. Der Vater eilt herbei, es wird ein neuer Platz gesucht, schließlich auch irgendwann gefunden. Sachen werden wieder umgeräumt, Handtücher ausgelegt.
Endlich scheint es Zeit fürs Essen. Das Mädchen beißt einmal in den Burger, verzieht das Gesicht und sagt angewidert: »Bäh, der schmeckt nicht!« »Waaas?«, rufen die Eltern entsetzt. Beide probieren und loben den vortrefflichen Burger in den höchsten Tönen. »Probier doch noch mal, Finchen!«, sagt die Mutter aufmunternd. »Oder möchtest du lieber die Pizza fertig essen?«, fragt der Vater freundlich, aber erschöpft.
Doch Finchen hat genug. Sie erklärt plötzlich: »Ich habe keine Lust mehr, ich will nach Hause!« Das restliche Essen bleibt übrig, die Getränke bleiben unberührt auf dem Tablett zurück, die Taschen werden gepackt und die Eltern folgen ihrer Tochter hastig in Richtung Dusche.

Die Eltern von Josephine sind nicht autoritär, sie sind für ihre Tochter aber auch nicht sichtbar (und vielleicht haben Sie sich ja hier auf Ihrem Weg zu einer neuen Elternschaft wiedererkannt). Was genau liegt hinter diesem Beziehungsgeflecht? Eltern wie die von Josephine haben mehrere Vorstellungen von sich und ihrem Kind, die dazu führen, dass sich solche Entwicklungen ergeben können:

- Das Kind ist unser gemeinsames »Projekt«.
- Das »Projekt« erhält unsere ungeteilte Aufmerksamkeit.
- Konflikten und Frustrationen gehen wir unbedingt aus dem Weg.
- Wir wollen allzeit positive Vorbilder sein und immer ruhig und unaufgeregt reagieren.

GRENZENLOSE »SERVICE-ELTERN«

Wer glaubt, auf diese Weise würden Kinder umsorgt und umhegt und es fehle ihnen an nichts, der verkennt deren seelische Situation, denn tatsächlich fehlt es ihnen an elterlicher Fürsorge und emotionaler Sicherheit in der Beziehung. Solche Eltern stehen kaum in einem echten Kontakt, in einer authentischen Beziehung zu ihren Kindern. Sie zeigen sich nicht als Persönlichkeiten mit eigenen Bedürfnissen und entwickeln sich in dem Glauben, fürsorglich und liebevoll zu handeln, zu einem regelrechten »Servicepersonal« für ihre Kinder. Servicepersonal, das wie in einem Hotel zwar allzeit freundlich und zuvorkommend auftritt, jedoch vorwiegend eine professionell-sachliche, servicebezogene Beziehung zum Gast eingeht. Ziel ist es, dass der Gast sich vor allem wohlfühlt. Und das ist auch das vorrangige Ziel der »Service-Eltern«. Deshalb vermeiden sie ein Nein, weichen jeder Auseinandersetzung aus und alle Wünsche des Kindes werden umgehend erfüllt – in der Hoffnung, ihm Frustrationen zu ersparen.

POSITION BEZIEHEN STATT GRENZEN SETZEN

In den ersten Lebensjahren wirkt das oft noch umsorgend, mütterlich/väterlich und einfühlend. Später jedoch wird sichtbar, dass ein solcher Umgang stark auf Kosten der Entwicklung der Kinder geht. In ihrem Verhalten zeigen sie dann oft sozial unverträgliche Züge, sie stellen ihre momentanen Bedürfnisse und unmittelbaren Wünsche in den Mittelpunkt und verlangen deren sofortige Befriedigung. Dies aber nicht, weil sie von Haus aus Tyrannen oder Egomanen wären, sondern weil sie Grenzen der Erwachsenen nicht erleben (in Form von deren Haltungen, Meinungen, Bedürfnissen und Gefühlen) und weil damit das gesamte Gegenüber unsichtbar bleibt. So entgehen den Kindern wichtige BEZIEHUNGSERFAHRUNGEN. Denn sie lernen nichts über Grenzen, sodass sie selbst Grenzen überschreiten und in anderen sozialen Kontexten schnell in Konflikte geraten.

Da solche Eltern sich derart zurücknehmen und ihre Persönlichkeit in allen Facetten, die zum Miteinander dazugehören, nicht zeigen, können Kinder nicht erfahren, dass andere Menschen auch Bedürfnisse und eigene Standpunkte haben. Durch die »Servicehaltung« bleiben Eltern KONTURLOS und nehmen für Kinder keine klare Gestalt an. Kindern fehlt dann ein deutliches Gegenüber, welches das kindliche Verhalten spiegelt und beantwortet.

Was fühlen die Eltern von Josephine denn wirklich, wenn sie zum dritten Mal den Platz wechseln (müssen/sollen)? Was denken sie wohl, wenn ein Schwimmbadbesuch endet, ohne dass auch nur einer der drei im Wasser gewesen ist? Da sie sich vorgenommen haben, immer freundlich, zurückgenommen und beherrscht zu agieren, bleibt ihre eigentliche HALTUNG verborgen. Ihre Tochter erhält keine klaren Hinweise, sodass es ihr an Orientierung und Führung fehlt. Sie bekommt zwar Aufmerksamkeit und Zuwendung, dies jedoch in einer Form, die ihr keine brauchbaren Antworten gibt, weder auf der emotionalen Ebene noch auf der Handlungsebene. Für sie ist nicht erkennbar, was ihre Eltern eigentlich wollen.

Kinder wie Josephine erleben einen Mangel an Geborgenheit und echter Zuwendung, was sie erheblich überfordert und verunsichert. Dies zeigt sich für Außenstehende deutlich in der Unzufriedenheit und der herrischen, unsensiblen Art und Weise, die diese Kinder oft an den Tag legen. Was sich für uns als sozial unverträgliches Verhalten zeigt, ist im Grunde Überforderung und der verzweifelte Versuch, ihren emotionalen Mangel zu kompensieren.

Wir haben also gesehen, dass eine belastete und unausgewogene Eltern-Kind-Beziehung verschiedene Ursachen haben kann: zum einen Eltern, die ihre Führung mithilfe der herkömmlichen Erziehung durchsetzen, und zum anderen Eltern, die gar nicht führen und ihre eigenen Bedürfnisse übergehen. Beides ist für Kinder schwierig, denn sie brauchen Führung und Orientierung durch präsente und authentische Eltern.

DIE GLEICHWERTIGE BEZIEHUNG

Es gibt einen entscheidenden Unterschied zwischen der »herkömmlichen Erziehung« und der »neuen Beziehung«, also dem Eltern-Kind-Verhältnis, das in erster Linie BEZIEHUNGSORIENTIERT ist. Dieser Unterschied besteht in der Einstellung, dass Kinder uns Erwachsenen gleichwertig sind. Nicht gleichberechtigt, weil Kinder nicht die gleiche Verantwortung tragen können wie wir Erwachsene. Sie haben jedoch den gleichen Wert wie wir, sie sind gleichwürdig, haben die gleiche Würde wie Erwachsene, die es zu schützen und nicht zu verletzen gilt.

In dieser Form von Beziehung werden Kinder als Menschen mit einem Recht auf EIGENE GRENZEN wahr- und in ihren Reaktionen, Äußerungen und Rückmeldungen sowie mit ihrer Meinung und ihren Entscheidungen ernst genommen. Die Beziehung zu Kindern verändert sich von einer Subjekt-Objekt-Beziehung zu einer SUBJEKT-SUBJEKT-BEZIEHUNG. Das heißt, wir nehmen uns gegenseitig als individuelle Persönlichkeiten wahr. Auf dieser Grundlage können wir unsere Kinder in ihrer Entwicklung begleiten, ihre mitgebrachten Fähigkeiten und Potenziale als wertvolles Gut behandeln und eine Atmosphäre in der Beziehung zu ihnen herstellen, die es ihnen ermöglicht, diese Fähigkeiten und Potenziale zur Entfaltung zu bringen.

Bindung: Voraussetzung für Beziehungen

Wenn wir die herkömmliche Erziehung hinter uns lassen, kann ein völlig neues Verhältnis zu unseren Kindern mit einer neuartigen Qualität entstehen. Und durch den authentischen, gleichwertigen Dialog zwischen Eltern und Kindern wachsen Vertrauen und Sicherheit. Das heißt nicht, dass Eltern ihren Kindern keine Orientierung bieten sollten. Im Gegenteil, die FÜHRUNG bleibt eindeutig bei den Eltern, genauso wie die Verantwortung. Die Kinder werden in diesem Prozess jedoch mit ihren individuellen Eigenarten ernst genommen. Ihre Rückmeldungen können den Eltern als Signale dienen, wie die Führung von ihrem Kind wahrgenommen und verstanden wird, und sie können darüber nicht nur ihr eigenes Verhalten reflektieren, sondern auch die Qualität der Beziehung stetig im Blick haben. Die Beziehung zueinander ist also DYNAMISCH und es profitieren beide Seiten von diesem Austausch.

Die Kinder werden so um ihrer selbst willen geachtet und geliebt und nicht, weil sie sich anpassen, etwas leisten oder etwas tun, was wir von ihnen verlangen. Beziehungsorientierte Eltern übernehmen Verantwortung für das Gelingen der Beziehung, indem sie fürsorglich und aufmerksam in Bezug auf die Bedürfnisse ihrer Kinder sind.

Dies ist vor allem eine Frage der HALTUNG und hat mit dem bisherigen »aktiven Erziehen« und den dahinterliegenden Zielen und Vorstellungen wenig gemein. Um diese Haltung für sich entwickeln zu können, lohnt sich ein Blick in die Bindungsforschung. In diesem Bereich haben der Kinderpsychiater John Bowlby und die Entwicklungspsychologin Mary Ainsworth einige interessante Studien gemacht und wesentliche Theorien entwickelt.

BINDUNG ODER WIE EINE BEZIEHUNG ENTSTEHT

Kinder kommen schon mit Stärken auf die Welt. Sie bringen Offenheit mit, Unvoreingenommenheit und die Fähigkeit, sich an Bezugspersonen zu binden. Wir Menschen sind quasi geboren, um uns zu binden. Wir brauchen Bindung, um zu überleben! Das heißt, wir brauchen auch Personen, mit denen wir uns verbinden und bei denen wir uns geborgen fühlen können. Das ist entscheidend für ein gesundes seelisches und körperliches Wachstum. Bezugspersonen sind in der Regel die Eltern oder die Menschen, mit denen das Kind den intensivsten Kontakt in seinen ersten Lebensmonaten hat. Im Säuglings- und Kleinkindalter dient die Bindung vornehmlich der Befriedigung überlebenswichtiger Bedürfnisse. Die Eltern müssen es ernähren, pflegen und schützen. Diese erste frühe Bindung ist jedoch nicht nur für das physische Überleben wichtig, sondern auch maßgeblich für eine gute emotionale Entwicklung als Grundlage für eine gesunde psychische Struktur. So entwickelt der Säugling eine besondere Beziehung zu seinen Eltern oder zu anderen in dieser Zeit bedeutsamen Menschen. Das heißt, er ist auf der Suche nach der Befriedigung seines Bedürfnisses, sich aufs Tiefste in dieser speziellen Weise zu binden. Die Aufgabe der Eltern ist es, die Voraussetzungen dafür zu schaffen, dass die Bindung entstehen kann und aufrechterhalten bleibt, indem sie dem Neugeborenen GEBORGENHEIT und SCHUTZ bei Gefahr bieten.

WIE SÄUGLINGE KOMMUNIZIEREN

Schon Neugeborene wollen aktiv mit ihren Bezugspersonen in Kontakt treten. Sie kommunizieren mit dem ganzen Körper und senden nicht-sprachliche Signale durch Mimik und Gestik. Auch geben sie je nach Stimmung und Bedürfnis verschiedene Laute von sich (etwa Unmuts- oder Wohligkeitslaute). Durch den engen Kontakt mit ihrem Baby können Eltern dessen Äußerungen dann mit der Zeit interpretieren und darauf reagieren. Babys haben außerdem die Fähigkeit, ihre jeweilige Hauptbezugssperson zu erkennen: Unmittelbar nach der Geburt kann das Neugeborene bereits die Stimme seiner Mutter von anderen Stimmen unterscheiden und schon sehr früh verschiedene Sinneseindrücke koordinieren. Es erlangt dann ein einheitliches Bild der Mutter, indem es eine Verbindung zwischen ihrer Stimme und ihrem Gesicht herstellt.

Aber nicht nur die Wahrnehmungs-, sondern auch die Gefühlswelt eines Säuglings ist komplex. Die sogenannten PRIMÄRAFFEKTE, die allen Menschen in allen Kulturen der Welt angeboren sind und die nicht gelernt werden müssen, können Säuglinge bereits mimisch zum Ausdruck bringen: Interesse, Überraschung, Ekel, Freude, Ärger, Traurigkeit und Furcht sind die Empfindungen, die eine Mutter im Gesicht ihres Kindes erkennt. Das ist die Voraussetzung dafür, dass sie dann auch FEINFÜHLIG auf die Vorlieben, Abneigungen und Grenzen des Säuglings reagieren kann.

Durch die Kommunikation zwischen Bezugsperson und Säugling kann das Kind seine Affekte regulieren. Ein Affekt wie Ärger äußert sich zum Beispiel durch Erregung, die schnell in Übererregung umschlagen kann. Und weil das Kind sich nicht selbst beruhigen (also sein Gefühl nicht selbst regulieren) kann, ist es dazu auf jemanden angewiesen. Die Bezugsperson muss also dann dafür sorgen, dass das Nervensystem auch wieder »runterfährt«. Das Kind lernt so, dass Erregung etwas Gutes ist und dass es mit dem unangenehmen Übererregungszustand nicht alleine ist.

Menschen mit unsicheren Bindungserfahrungen werden in ihren Beziehungen Schwierigkeiten haben, Vertrauen zu entwickeln, sich geborgen und sicher zu fühlen. Deshalb ist es wichtig, dass Eltern sich feinfühlig in Bezug auf Signale ihres Kindes verhalten und zuverlässig reagieren. Diese Form von Interaktion ist die Grundlage einer guten Beziehungsfähigkeit!

In der Regel unterscheidet man vier Bindungstypen: Die sichere, die unsicher-vermeidende, die unsicher-ambivalente und die desorganisierte/desorientierte Bindung. Grundlage dieser Einteilung bilden die Untersuchungen der Entwicklungspsychologin Mary Ainsworth aus dem Jahr 1969. Es wurde untersucht, wie Kinder im Alter von elf bis achtzehn Monaten auf die An- und Abwesenheit und vor allem auf die Rückkehr der Mutter reagierten. Die beschriebenen vier Bindungstypen sind modellhaft; in der Beziehung zu unseren Kindern wird es immer Anteile des einen oder anderen Typs geben. Wenn Sie Fragen zur Bindung haben, kann Ihnen eine Beratung oder ein Austausch mit Fachleuten Sicherheit geben.

BINDUNGSTYPEN

1. Die sichere Bindung

Kinder mit einer sicheren Bindung verfügen über ein großes Vertrauen in ihre Bezugsperson. In unbekannten Situationen, in fremder Umgebung oder bei Abwesenheit der Bezugsperson kommt es zwar zu einem Trennungsschmerz und die Kinder weinen; sie vertrauen aber darauf, dass die Bezugsperson wiederkommen wird. Eine sichere Bindung schaffen Eltern, die Signale ihres Kindes richtig interpretieren, die kindlichen Bedürfnisse dann befriedigen und dem Kind so Sicherheit vermitteln können. Das Kind kann sich dadurch schnell beruhigen.

2. Die unsicher-vermeidende Bindung

Kinder dieses Bindungstyps zeigen eine vermeintliche Unabhängigkeit von der Bezugsperson. Sie wenden sich bei deren Abwesenheit – anscheinend unberührt – dem Spielzeug zu und versuchen auf diese Weise, den Stress der Trennung von der Bezugsperson zu kompensieren, ohne ihren wahren Gefühlen Ausdruck zu verleihen. Auch bei der Rückkehr der Bezugsperson zeigen diese Kinder kaum sichtbare Reaktionen.

3. Die unsicher-ambivalente Bindung

Kinder mit einer solchen Bindung sind äußerst ängstlich und extrem von ihrer Bezugsperson abhängig. Von ihr kurzfristig getrennt zu sein, ist für diese Kinder äußerst belastend und sie reagieren auf eine fremde Umgebung selbst dann ängstlich, wenn die Bezugsperson noch anwesend ist. Diese (Trennungs-)Angst ist eine Reaktion auf eine Bezugsperson, deren Verhalten für das Kind nicht einzuschätzen und nicht nachvollziehbar ist.

4. Die desorganisierte/desorientierte Bindung

Kinder dieses Bindungstyps zeigen widersprüchliche Verhaltensweisen. Möglich ist etwa, dass sie weinen, wenn ihre Bezugsperson den Raum verlässt, auf deren Rückkehr aber mit Aggression oder Vermeidungsstrategien reagieren. Nicht selten treten bei diesen Kindern auch körperliches Erstarren oder stereotype Bewegungsmuster auf. Auslöser für ein solches Bindungsverhalten sind Eltern, die einerseits Bezugspersonen sind, zugleich aber diejenigen, vor denen das Kind Schutz suchen muss. Der Erwachsene bietet hier ein ambivalentes Beziehungsmuster an, und die daraus entstehende desorientierte Bindung hat gravierende Folgen.

Zeit für konstruktive Beziehungen: Was bedeutet elterliche Liebe?

Eine Beziehung zu jemandem zu haben, sagt noch nichts über die Qualität der Beziehung aus, dabei kommt es gerade auf die Qualität an. Grundsätzlich verstehe ich unter einer guten, konstruktiven Beziehung eine UNTERSTÜTZENDE Beziehung, die dem anderen die Sicherheit vermittelt, dass er mit seinen Reaktionen und Antworten ernst genommen und wertgeschätzt wird. Die Eltern-Kind-Beziehung weist zudem noch eine andere, ganz außergewöhnliche QUALITÄT auf: Eltern würden auf die Frage, ob sie ihr Kind lieben, sofort immer mit Ja antworten. Wir sprechen also von Liebe in der Beziehung zu Kindern – einer Liebesbeziehung. Aber wie lässt sich diese Liebe definieren? Was verstehen wir also unter Liebe und wann ist sie hemmend und wann förderlich für eine gute Entwicklung von Kindern?

DIE URERFAHRUNG, DIE UNSER LEBEN PRÄGT

Um sich einer möglichen Antwort auf die oben gestellten Fragen zu nähern, sind die beiden grundlegenden Erfahrungen zu betrachten, die wir vorgeburtlich im Schutzraum des Uterus unserer leiblichen Mutter gemacht haben, in der PRÄNATALEN PHASE: Die Grund- oder Urerfahrung der gesamten Schwangerschaft ist es, dass man einerseits sicher, tief und innig (im Uterus und über die Nabelschnur mit der Mutter) aufgehoben und verbunden ist; andererseits jedoch wächst der Fötus jeden Tag und wird so auch schon im Mutterleib immer autonomer, unabhängiger und eigenständiger.

Genau diese Urerfahrung ist es, die uns zum einen zu sozialen Wesen macht; zum anderen lässt sie uns auch mit der Sehnsucht ins Leben gehen, genau diese Qualität der Beziehung wiederzuerlangen – tiefe VERBUNDENHEIT bei gleichzeitiger maximaler AUTONOMIE. Darauf basiert die Qualität unserer Liebesbeziehung zu den Kindern. Diese Beziehungsform bedeutet, dass sich zwei Partner gegenseitig vertrauen und voneinander wissen, dass sich der eine auf den anderen verlassen kann. Sie wissen auch voneinander, dass sich der eine für den anderen nichts mehr wünscht, als dass der in der Lage ist, sich als eigenständige Person zu entfalten. Und so widersprüchlich es klingen mag: Genau dieser Spannungszustand beschreibt das Gefühl Liebe.

Wichtig für Kinder ist, dass sie eine Beziehung erfahren, die von Liebe und Anerkennung geprägt ist: »Du bist okay, so wie du bist!« Und die ihnen zugleich den Raum zum Wachsen gibt und die Freiheit, ihre Potenziale zu entfalten.

BEIDE SEITEN DER MEDAILLE IM BLICK

Wenn wir Eltern um diese Grundbedürfnisse wissen, die sowohl wir als auch unsere Kinder haben, können wir auch dafür sorgen, dass diese Bedürfnisse gleichermaßen befriedigt werden. Dann können wir den Kindern das Gefühl von Verbundenheit bei gleichzeitiger Autonomie so vermitteln, dass sie Sicherheit und Geborgenheit einerseits, aber auch maximale Möglichkeiten zum Wachsen andererseits erfahren. Johann Wolfgang von Goethe drückte dies schon vor zwei Jahrhunderten auf seine Art aus: »Zwei Dinge sollen Kinder von ihren Eltern bekommen: WURZELN und FLÜGEL.«

DIE KONSTRUKTIVE BEZIEHUNG IM MITTELPUNKT

Sich von alten Mechanismen zu verabschieden und im Umgang mit Kindern auf eine konstruktive Beziehung zu vertrauen und diese auch in dem hier beschriebenen Sinne zu gestalten, ist zunächst vielleicht nicht ganz einfach. Dass es möglich ist, zeigt das Beispiel von Moritz und seiner Mutter.

Die konstruktive, positive Beziehung ist das zentrale Element im Umgang mit unseren Kindern. Wir Eltern können so unsere Kinder in ihrer Entwicklung auf allen Ebenen gut und liebevoll begleiten. Die Beziehungsebene lässt immer unmittelbar die Emotionen in uns anschwingen, sodass Beziehung zu anderen gleichzeitig auch Beziehung zu sich selbst bedeutet. Eigene Gefühle (Wut, Ärger, Trauer, Freude, …) wahrnehmen, sie verbalisieren und auch verarbeiten zu können, ist eine wichtige Voraussetzung, um gesund und selbstbewusst aufzuwachsen. Empathisch zu sein, den anderen ernst zu nehmen und ihn verstehen zu wollen, ist entscheidend für eine konstruktive Beziehung. Denn nur wenn wir den anderen verstehen, seine Standpunkte, Gedanken und Gefühle nachvollziehen können, können wir Bedürfnisse wahrnehmen und in einen fruchtbaren Austausch treten. Voraussetzung für eine gute und stabile Beziehung zu Kindern ist also das Verständnis für sie, ihre Bedürfnisse und ihre individuellen Anliegen.

GEFÜHLE ERNST NEHMEN

WAS BEDEUTET KRITIK?

In der Erziehung spielten noch vor gut sechzig Jahren Gefühle kaum eine Rolle. Sie wurden nicht beachtet und in der Regel unterdrückt. Das passiert auch heute noch. Vielfältige wissenschaftliche Studien belegen jedoch, dass das Verdrängen von Gefühlen den Menschen krank macht. So dürfen wir heute die Bedürfnisse unserer Kinder berücksichtigen und ihre emotionale Entwicklung achtsam begleiten.

Immer wieder lässt sich feststellen, dass wesentliche Erkenntnisse der Entwicklungspsychologie über bestimmte kindliche Verhaltensweisen – die zu einer notwendigen und gesunden Gesamtentwicklung von Kindern gehören – noch nicht in unserer Gesellschaft angekommen sind. Kein Wunder also, dass entwicklungsgerechtes kindliches Verhalten auch immer wieder falsch eingeordnet wird. Das Beispiel einer besorgten Mutter:

Ich bin sehr beunruhigt. Von der Kitaleiterin haben wir einen katastrophalen Bericht über Daniels Entwicklung erhalten. Dieser enthält eine Vielzahl an Verdachtsdiagnosen und Empfehlungen für eine Diagnostik und Therapie in einer Klinik. Daniel ist erst drei Jahre und zwei Monate alt. Wir sind zu Hause sehr liebevoll mit ihm. In der Kita zieht er an den Haaren und beißt manchmal andere Kinder, berichtet die Erzieherin. Sie erklären ihm immer wieder, dass er das nicht machen darf, und nehmen ihn auch aus der Gruppe heraus. Daniel sitzt dann alleine und ist traurig. Laut Kita bringt das aber wenig, er geht trotzdem immer wieder auch aggressiv auf andere Kinder zu. Die Kita fordert mich jetzt auf, für Daniel einen erhöhten Förderbedarf zu beantragen. Ziel ist, die Aggressivität und die Wut aus ihm rauszubekommen. Er wird sonst nur Schwierigkeiten bekommen.

AUSGRENZUNG IST KEINE LÖSUNG, …

Daniels Geschichte ist ein typisches Beispiel dafür, dass entwicklungsgerechtes kindliches Verhalten oft sogar von Erziehern nicht erkannt wird und sie deshalb auch nicht achtsam und konstruktiv darauf reagieren. Deutlich wird hier die Haltung der Erwachsenen: Negative GEFÜHLE darf ein Kind nicht haben, jedenfalls nicht hier. Das Verhalten ist unerwünscht. Die »Lösung«: Das Kind wird ausgegrenzt. Wenn es schon in Institutionen bei pädagogischen Fachkräften Missverständnisse in Bezug auf entwicklungsgerechtes Verhalten gibt, ist es nicht verwunderlich, dass auch Eltern verunsichert sind.

… BEDÜRFNISSE WAHRNEHMEN SCHON

Das Verhalten von Daniel ist absolut altersentsprechend und entwicklungsgerecht. Wenn man das aber nicht so einschätzt, weil man die emotionalen Entwicklungsstufen von Kindern nicht als solche erkennt, werden Kinder als »auffällig« wahrgenommen. Somit wird ein altersgerechtes, normales Verhalten als pathologisch eingeordnet. Begegnen wir Kindern dann mit Belehrungen und Kritik an ihrem Verhalten, anstatt mit Verständnis und Achtsamkeit auf ihre emotionale Entwicklung einzugehen, werden sie vor allem eins lernen: Meine Bedürfnisse werden nicht gehört und sind nicht richtig, negative Gefühle sind unerwünscht. Kinder müssen so also Gefühle wie Wut, Ärger und Frustration unterdrücken. Was sie nicht lernen können, ist, die ganze Bandbreite möglicher Gefühle wahrzunehmen, zu benennen und später dann auch darüber zu sprechen, was in ihnen vorgeht. Das heißt, es fehlen ihnen wichtige emotionale Erfahrungen. Gerade die sind aber wichtig für das Wohlbefinden und die psychische Gesundheit. Woher kommt es, dass wir heute noch Gefühle nicht oder zu wenig berücksichtigen? Eigentlich wissen wir doch um die Bedeutung der emotionalen Ebene. Dazu muss man ein wenig ausholen.

SCHLUSS MIT DEN AMMENMÄRCHEN!

Nach dem Zweiten Weltkrieg wurden bis 1987 rund 1,2 Millionen Exemplare des Buches von Johanna Haarer in Deutschland verkauft, das die Erziehungshaltung über Jahrzehnte geprägt hat: »Die deutsche Mutter und ihr erstes Kind«. Ein Erziehungsratgeber, der in den Dreißigerjahren verfasst wurde. Die Haarersche Prämisse lautet: Wenig emotionale Nähe – sonst zieht man sich Tyrannen heran (siehe auch Seite 13). Das Kind wäre also ein Tyrann, den es zu bändigen gelte – und zwar schon als Säugling! So schreibt sie, vor dem weinenden Kind warnend: »Dann, liebe Mutter, werde hart! Fange nur ja nicht an, das Kind aus dem Bett herauszunehmen, es zu tragen, zu wiegen, zu fahren oder es auf dem Schoß zu halten, es gar zu stillen. Das Kind begreift unheimlich rasch … – und der kleine, aber unerbittliche Haustyrann ist fertig.« Das bedeutete im Umkehrschluss also: das kleine Kind schreien lassen, ja überhaupt nicht zu viel Aufmerksamkeit und Nähe aufkommen lassen. Was es aber auch bedeutet: In dieser Form von Erziehung werden die existenziellen Bedürfnisse des Kindes nicht erfüllt, seine Gefühle bleiben ständig unbeachtet und es muss sie in der Folge unterdrücken. Und auch die Mutter muss ihre Gefühle für ihr Kind verleugnen.

»Lasst das Kind ruhig mal weinen!«, »Schreien stärkt die Lungen« oder auch »Die Kinder müssen früh lernen, sich selbst zu beruhigen« wird auch heute oft noch propagiert. Das sind Ammenmärchen und es ist schlicht falsch. Kinder können und müssen sich in diesem Alter noch nicht selbst regulieren. Sie brauchen fürsorgliche Eltern, die feinfühlig auf die emotionalen Bedürfnisse reagieren.

FOLGEN SIE IHRER INTUITION!

Aber warum konnte sich die Erziehungshaltung, die Haarer in den 1920er- und 1930er-Jahren vertrat, so lange halten? Kinder wurden nach dem Krieg doch nicht mehr im eigentlich nationalsozialistischen Sinn erzogen? Das nicht, aber die distanzierte, emotionsarme Haltung von Eltern ihren Kindern gegenüber wurde zum gesellschaftlichen Erziehungskonsens der Nachkriegszeit – und darüber hinaus. Eltern übernahmen einfach, was sie selbst erlebt hatten: Kinder wurden mit einer gewissen »Härte« erzogen. Aus dieser Zeit und diesem Denken heraus stammen auch die vielen Ammenmärchen, Tipps, Warnungen und Halbwahrheiten, die Eltern heute tief verunsichern. Hören Sie auf Ihr Bauchgefühl und bleiben Sie feinfühlig! Wissenschaftliche Studien aus Psychologie und Psychotherapie belegen ganz klar, dass das Verleugnen und Unterdrücken von Gefühlen den Menschen krank macht.

Entwicklungsphasen begleiten

Wenn man Kindern die emotionale Nähe und Fürsorge versagt, sie alleine lässt, dann hinterlässt das Spuren. Denn wenn Gefühle ignoriert werden, hemmt das die emotionale Entwicklung. Die Beeinträchtigungen reichen von Angststörungen über Depressionen bis hin zu Bindungs- und Beziehungsstörungen. Eine Erziehung nach Haarer bedeutet, dass das Bindungsverhalten des Kindes nicht beantwortet wird. Das führt beim Kind zu starker Verunsicherung und Trennungsangst, deren Grundstruktur in der Psyche ein Leben lang fortbestehen kann. Es ist also enorm wichtig, dass wir Eltern auf die Gefühle unserer Kinder eingehen, uns auch auf unser Gefühl verlassen, denn das sagt uns unzweideutig: Kinder brauchen Nähe und sie brauchen uns als verlässliche erste Bindungs- und Bezugspersonen.

Wie wichtig es ist, dem Verhalten von Daniel auf der EMOTIONALEN EBENE zu begegnen, wird mit diesem Wissen deutlich. Es geht nicht darum, die Wut und die Aggression aus ihnen »rauszubekommen«, sondern darum, dass sie wertschätzende Begleitung erfahren und mit der Zeit lernen, auf eine konstruktive Weise mit allen ihren Gefühlen umzugehen – das ist ein langer Lernprozess. Vor allem sollten wir ihnen nicht auf der Verhaltensebene (belehrend und kritisierend) begegnen, sondern die Gefühlsebene beachten. Und damit kommen wir noch einmal auf das Thema Bindung zurück.

IM ALLTAG BINDUNG LEBEN

Bindung können wir im Alltag mit unseren Kindern tagtäglich in kleinen Bindungs- und Beziehungsmomenten immer wieder tief verankern. Vor allem in den ersten sechs Lebensjahren binden sich Kinder über Sicherheit, Nähe und Kontakt. Die wachsende Bindung drückt sich je nach Alter über unterschiedliche Aspekte im Familienalltag aus:

- Im ersten Lebensjahr – über Körperkontakt (Tragen, Wiegen, Kuscheln, Streicheln)
- Im zweiten Lebensjahr – über Gleichheit (so sein wollen wie Papa oder Mama)
- Im dritten Lebensjahr – über Zugehörigkeit und Loyalität (»meine« Mama, »unsere« Rutsche)
- Im vierten Lebensjahr – über Wertschätzung und Anerkennung (»Mama, guck mal!«)
- Im fünften Lebensjahr – über Liebe (Liebeserklärungen und kleine Gesten der Kinder)
- Im sechsten Lebensjahr – über Vertrautheit (alle Erlebnisse teilen wollen, keine Geheimnisse)

Verschiedene Elemente in unserem Miteinander können auf unterschiedlichen emotionalen und körperlichen Ebenen die Bindung herstellen. Wichtig sind hierfür:

- Blickkontakt mit dem Kind aufnehmen (ich sehe dich),
- Feinfühligkeit im Umgang entwickeln (Achtsamkeit leben),
- Geborgenheit und Vertrauen vermitteln,
- bei Schmerz oder Frustration Trost spenden (Sicherheit geben),
- Wort und Stimme achtsam einsetzen (warme Atmosphäre),
- gemeinsame (Sinnes-)Erfahrungen (miteinander Dinge erleben bringt Vertrauen).

Auf Gefühle kommt es an: Vom Umgang mit der »Trotzphase«

Auf den folgenden Seiten werden wir uns näher damit beschäftigen, wie wir konkret mit unseren Kindern auf der Gefühlsebene gut umgehen können und wie wir dabei feinfühlig auf Trennungsangst sowie auf kindliche Aggression und sogenanntes »Trotzverhalten« von Kindern sinnvoll reagieren können.

WAS SIND EIGENTLICH GEFÜHLE?

Gefühle fühlt man. Doch was heißt das genau? Ein Gefühl oder eine Emotion setzt sich aus unterschiedlichen Aspekten zusammen:

- dem subjektiv gefühlten Gefühl,
- dem Anlass, der es auslöst,
- der eigenen Bewertung des Erlebten und
- einer körperlichen Reaktion.

Wenn wir etwa Ärger empfinden, fühlen wir uns nicht gut (subjektiv gefühltes Gefühl), weil vielleicht etwas nicht so läuft, wie wir es uns vorstellen, etwa: das Auto springt nicht an (Anlass), was wir als furchtbar erleben (Bewertung des Erlebten). Dies zeigt sich dann in einer körperlichen Reaktion, wir hauen zum Beispiel auf das Lenkrad, der Puls schlägt schneller und der Blutdruck steigt an.

Denn alle Gefühle – auch vermeintlich negative – haben eine große Bedeutung für uns. Sie wirken sich auf das gesamte Leben aus und sind der Motor unseres Denkens und Handelns. Die emotionale Entwicklung ist eng an die kognitive, soziale und sprachliche Entwicklung des Kindes gekoppelt. Deshalb ist es auch ganz wesentlich, die emotionale Entwicklung von Geburt an zu berücksichtigen und zu unterstützen: Sie verwöhnen Ihr Kind nicht, wenn Sie auf seine Gefühle eingehen!
Unseren Gefühlen liegen immer wichtige (Grund-)Bedürfnisse zugrunde, denen wir Beachtung schenken sollten. Nur wer seine Bedürfnisse und Gefühle kennenlernen darf, kann sich später selbst regulieren und gut für sich sorgen.

ACHTSAME KOMMUNIKATION UND IHRE POSITIVEN FOLGEN

Kinder brauchen ganz besonders am Anfang ihres Lebens viel Kontakt, viel Berührung und eine feinfühlige Kommunikation – das heißt, sie brauchen eine Bezugs- und Bindungsperson, die sich wirklich auf sie einstimmt, und mit dem ganzen Körper, ja mit dem ganzen Sein kommuniziert. Eine solche Kommunikation kommt beim Kind an, kann es (im positiven Sinn) erregen, anregen und auch wieder beruhigen.
Diese Form der achtsamen Kommunikation ist enorm wichtig. Denn nur so kann sich das

Nervensystem von Kindern gut entwickeln und sie können emotional wachsen. Kinder können dann später im Leben:

- sich schnell selbst beruhigen,
- eine hohe Konzentrationsfähigkeit entwickeln,
- eigene Bedürfnisse zugunsten anderer auch mal zurückstellen,
- eine gute Frustrationstoleranz aufbauen,
- Glück erleben,
- eine hohe Stressresistenz entwickeln,
- eine starke Beziehungsfähigkeit leben,
- Momente bewusst wahrnehmen und Genuss erleben,
- angstfrei und mit großer Zuversicht durch das Leben gehen,
- Empathie empfinden,
- starkes Selbstverständnis und Selbstbewusstsein entwickeln.

All diese Fähigkeiten sind enorm wichtig, um ein gesundes und erfülltes Leben zu führen.

»TROTZPHASE?« – AUTONOMIE IST DAS ZAUBERWORT!

Wenn Kinder Laufen und Sprechen lernen, werden die Bedürfnisse nach Autonomie und Selbstständigkeit sowie der Drang, selbst Dinge zu bewirken, stärker. Das heißt, es beginnt ein neuer Lebensabschnitt: Kinder werden körperlich aktiver, können sich unabhängiger von ihren Eltern bewegen und so auch ihre Umwelt mehr und mehr selbstständig erkunden. In dieser Zeit beginnt eine tiefgreifende emotionale Entwicklung der Kinder.

Wann diese Phase beginnt, ist individuell unterschiedlich. Häufig erstreckt sie sich von Anfang/Mitte des zweiten Lebensjahres bis circa zum vierten Lebensjahr. Sie kann aber auch länger andauern. Diese Phase oder Entwicklungsstufe wird heute oft noch fälschlicherweise als »Trotzphase« bezeichnet. Jedoch nicht der Trotz und der Widerstand sind kennzeichnend, sondern die Ablösung und das Selbstständig-werden-Wollen des Kindes, weshalb die Bezeichnung AUTONOMIEPHASE zutreffend ist. Sie ist ein wichtiger Entwicklungsschritt und Bestandteil der Persönlichkeitsentwicklung.

WER IST HIER EIGENTLICH TROTZIG?

Wenn ein Kind »Ich will es selber machen!« ruft, seiner Mutter die Strumpfhose aus der Hand reißt und sie dann verkehrt herum anzieht, zeigt es damit vor allem seinen unbedingten Willen zu mehr Eigenständigkeit. Meist bleibt im Alltag wenig Zeit und Verständnis dafür. Und oft zeigen dann Erwachsene eine Art »Trotzreaktion« in Form von Belehrung à la: »Du musst es so oder so machen … siehst du, ich hab's dir doch gesagt!« Was dann passiert: Das Kind begegnet dem Trotz der Eltern mit Verweigerung. Eltern empfinden sich natürlich selbst nicht als trotzig. Sie wollen ja nur das Kind unterstützen, damit es schnell angezogen und rechtzeitig im Kindergarten ist. Damit übersehen Erwachsene, dass Kinder hier ein gesundes Bedürfnis nach Unabhängigkeit und Autonomie zeigen. Dieses kann nur befriedigt werden, wenn sie eigene, individuelle Erfahrungen machen dürfen. Eigenständigkeit lässt sich letztlich nur in einem persönlichen Lern- und vielfältigen Erfahrungsprozess erreichen.

Diese Phase ist also dadurch gekennzeichnet, dass das Kind auf unterschiedlichen Ebenen (motorisch, sprachlich und auch emotional) immer stärker nach Autonomie strebt und insgesamt versucht, sich aus der Verschmelzung mit den Eltern (vor allem der Mutter) zu lösen.

ERFAHRUNG DER SELBSTWIRKSAMKEIT

Kinder wollen in der Autonomiephase immer mehr selbstständig probieren: sich selbst anziehen, entscheiden, was sie anziehen, entscheiden, dass sie genau jetzt ein Eis essen wollen. Sie entwickeln in dieser Phase einen eigenen Willen und nehmen sich als diejenigen wahr, die eigenständig Handlungsziele definieren können. Für das Kind sind das Meilensteine in seiner Ich-Entwicklung. Denn es macht dabei die wichtige Erfahrung: Ich kann etwas BEWIRKEN. Ich bin Verursacher von Situationen. Das Kind beginnt, autonom zu werden.

Diese Selbstwirksamkeitserfahrung erleben wir Eltern oft als Widerstand, weil das Kind genau das Gegenteil von dem macht, was wir von ihm erwarten. Aber genau in dieser »Verweigerung« liegt die (neue) Autonomie des Kindes. Zum Beispiel: Ich ziehe mich morgens nicht an oder ich komme nicht zum Essen und halte den Ablauf des Tages somit auf! Mein Einwirken hat Einfluss auf alle anderen! Eine wichtige Erfahrung für die Kinder und eine oft anstrengende Zeit für Eltern.

WAS HINTER DEM SOGENANNTEN »TROTZ« STECKT

Heute weiß man, dass Kinder in der Autonomiephase vor allem deshalb in Widerstand gehen und »trotzen«, weil sie noch starr auf ein bestimmtes Ziel fixiert sind. Sie können noch nicht spontan umplanen, sich schnell auf etwas anderes einlassen und anders handeln, als sie ursprünglich vorgehabt haben. Sie müssen das erst lernen. Das bedeutet: Funkt ihnen ein Erwachsener dazwischen, indem er eine bestimmte Handlungsabsicht unterbricht oder das Ziel umdefiniert (»Ich ziehe dir die Strumpfhose an, wir müssen uns beeilen!«), so weiß das Kind in diesem Moment nicht mehr ein noch aus. Es ist völlig überfordert und erleidet in diesem Moment eine Art inneren »Systemzusammenbruch«. Es ist nicht mehr in der Lage, die Situation zu überblicken oder zu kontrollieren. Das Kind ist in dieser Phase noch zu starr auf das Ziel seiner Handlungsabsicht fixiert, als dass es eine Alternative – akzeptieren könnte. Entsprechend ist auch sein Nein in dieser Zeit eine Verweigerung, die noch ohne Alternativlösung ist.

EMOTIONALE ERFAHRUNGEN ERMÖGLICHEN

Da Kinder in diesem Alter ihren Bedürfnissen zumeist sprachlich noch nicht differenziert Ausdruck verleihen können und es für sie eine große FRUSTRATION und eine emotionale ÜBERFORDERUNG darstellt, wenn sie ihr Ziel nicht erreichen, können sie diesen Gefühlszuständen zunächst nur mit Weinen, Schreien und Sich-auf-den-Boden-Werfen begegnen. Sie zeigen also jene Reaktionen, die wir Erwachsenen als »Trotzverhalten« wahrnehmen. Wir können uns das an einem typischen Beispiel verdeutlichen: Das Kind will ein Eis! Wird es dann bei der Umsetzung seines Vorhabens (Kind marschiert in die Eisdiele) gebremst oder unterbrochen, so erlebt das Kind eine für es selbst in diesem Moment nicht vorhersehbare

Veränderung. Es kann (noch) nicht anders reagieren, weil es für solche Situationen (noch) keine Handlungsalternativen (entwickelt) hat. So passiert Folgendes: Das Kind wird sehr schnell von Wut und Ärger gepackt und von diesen Gefühlen in bisher unbekannter VEHEMENZ komplett überflutet und letztlich überwältigt. Es ist emotional total überfordert. Aus dieser Überforderung heraus gerät das Kind nun in einen merkwürdigen Zustand und fällt in eine innere Starre: Es ist handlungsunfähig. Es kommt zu einem »emotionalen Kurzschluss«. Man könnte auch sagen: Das Kind sieht »rot«.

Wie aber können wir unsere Kinder in ihrer Autonomieentwicklung achtsam begleiten und unterstützen, damit sie viel ausprobieren, vielfältige Erfahrungen machen und neue Alternativen für das eigene Handeln entwickeln können, ohne ständig überfordert zu sein?

Sophia (vier Jahre) gerät immer wieder mit ihrer Mutter morgens beim Anziehen in Streit. »Was willst du denn heute anziehen?«, fragt die Mutter. »Schau mal, wir können diese Hose nehmen und das rosa Oberteil oder das hier mit dem Pony drauf oder lieber den Pulli?« Sophia steht vor dem Schrank und schaut unentschlossen. »Oder ein Kleid?«, fragt die Mutter in der Hoffnung, dass Sophia sich nun entscheidet. »Nein, ich weiß nicht … das hier vielleicht«, sagt Sophia und zieht ein Top aus dem Stapel ganz unten heraus, sodass die T-Shirts aus dem Schrank fallen. »Sei doch vorsichtig!«, ruft ihre Mutter ungeduldig. »Nein, das können wir nicht anziehen, Sophia«, sagt sie dann, »es ist draußen viel zu kalt für das Top.« – »Oh, ich will aber«, ruft Sophia und verschränkt entschlossen die Arme vor der Brust. Ihre Mutter seufzt und sagt dann schließlich: »Dann ziehen wir jetzt das mit dem Pony an, ja?!« – »Nein!«,

schreit Sophia. »Das will ich nicht, ich will das hier«, sie hält das Top hoch. »Nein«, sagt die Mutter, »Schluss jetzt mit dem Theater, jetzt wird das Oberteil mit dem Pony angezogen!« Sophia beginnt zu schreien und schmeißt sich vor den offenen Kleiderschrank.

Wie können Eltern solche zermürbenden Machtkämpfe vermeiden? Sophias Mutter probiert es nun anders:

Sie hat der Jahreszeit angemessene Kleidung schon am Abend rausgesucht und zwei verschiedene Varianten auf den kleinen Stuhl neben dem Bett gelegt. »Nein«, schreit Sophia, »ich will das nicht anziehen!« »Das haben wir zur Auswahl. Was möchtest du?« Sophia schaut unentschlossen und grimmig auf die Kleiderauswahl. »Such dir was aus, und wenn du beim Anziehen Hilfe brauchst, kannst du mich gerne rufen«, sagt die Mutter freundlich und verlässt das Zimmer. »Ich nehm' das mit dem Pony drauf, Mama«, ruft Sophia nach einigen Minuten über den Flur. »Wie schön, dann komm gleich zum Frühstück, wenn du fertig bist, ich warte auf dich«, antwortet ihre Mutter.

Sophia möchte selbst entscheiden. Ihre Mutter beschneidet unnötig ihr Bedürfnis nach Autonomie und eröffnet außerdem so einen Machtkampf, der niemandem weiterhilft. Stellt ihre Mutter ihr den gesamten Inhalt des Kleiderschranks zur Auswahl, ist Sophia damit überfordert. Die Mutter kann aber zwei verschiedene Kleidungsvarianten im Voraus heraussuchen und dann ihre Tochter selbst entscheiden lassen. Sophia hat damit einen ihrem Alter angemessenen RAUM FÜR EINE EIGENE ENTSCHEIDUNG zur Verfügung. Für eine gute Begleitung der Kinder in der Autonomiephase ist es also wesentlich, dass wir einerseits ihr vehementes Streben nach mehr Unabhängigkeit ernst nehmen und andererseits vielfältige kindgerechte Möglichkeiten für eigene Erfahrungen schaffen.

DIE WUT »SCHREIT« NACH HILFE

Dennoch – die Autonomiephase ist die Phase der heftigen Gefühlsausbrüche, genauer gesagt, des Wutanfalls: Das Kind gerät häufig in eine tiefe innere Not, die sich meistens durch lautes Weinen und Schreien äußert. Es ist nicht mehr in der Lage, die Situation zu überblicken oder zu kontrollieren. Es kann sich daraus aus eigener Kraft nicht befreien. Es entsteht ein völliges Gefühlschaos aus Hilflosigkeit, Ärger, Wut und Unverständnis. Das Kind wird von diesen unbekannten Gefühlen regelrecht überfallen und zwischen Ärger und Unverständnis bleibt ihm nur eins: Der Widerstand und das Nein als letzte Möglichkeit, sich überhaupt zu artikulieren. Es zeigt ein Verhalten, das aus einer inneren Überforderung resultiert. Wichtig für Sie als Eltern ist zu wissen: Das Kind macht jetzt wesentliche Entwicklungsschritte auf der emotionalen Ebene und lernt seine Gefühle kennen – das ist neu, weshalb das Kind Unterstützung von Erwachsenen braucht.

Unter diesem Aspekt ist auch das Verhalten von Daniel (siehe Seite 25) zu sehen. Er fällt zwar damit in seiner Kitagruppe auf, macht jedoch vor allem ganz wichtige Erfahrungen mit starken Emotionen. Er streitet sich, ist wütend, zeigt seine Aggression. Nur so lernen Kinder Gefühle überhaupt erst kennen. Und das ist eine Voraussetzung dafür, dass sie auch konstruktiv mit Gefühlen umgehen können.

MITFÜHLEN STATT DAGEGENHALTEN: SCHRITTE ZUR EMOTIONALEN ENTWICKLUNG

Eltern neigen häufig dazu, das Handeln des Kindes als Angriff zu verstehen und persönlich zu nehmen. Dabei ist in der Regel nichts, was Kinder tun, gegen uns Erwachsene gerichtet. Wenn wir diesem Trugschluss unterliegen, beginnt ein (Macht-)Kampf zwischen Eltern und Kind, der im Ergebnis nicht das mit sich bringt, was das Kind eigentlich braucht. Es geht für Kinder in diesen Momenten letztendlich darum, (mit unserer Begleitung) wichtige Erfahrungen mit sich selbst und ihren Emotionen zu machen: Sie lernen so, mit Krisen und Frustrationen umzugehen und sprachliche Ausdrucksmittel für ihr inneres Erleben zu erlangen.

Die Autonomiephase ist somit eng an die Sprachentwicklung des Kindes gekoppelt und Eltern können der Überforderung ihres Kindes begegnen, indem sie sowohl die Gefühle des Kindes als auch ihre eigenen benennen. Hierdurch lernt das Kind, seinen Gefühlen immer differenzierter Ausdruck zu verleihen und die als Trotz wahrgenommenen Überforderungssituationen nehmen ab. Das von uns als schwierig und widerständig empfundene Verhalten mildert sich also mit zunehmender SPRACH- UND HANDLUNGSKOMPETENZ ab – es sei denn, es wird durch ungünstige Erziehungs- oder besser: Beziehungserfahrungen (etwa strafende Konsequenzen wie im Beispiel von Daniel, siehe Seite 25) verfestigt.

Strafen helfen dem Kind nicht. Sie sind sogar schädlich für die Entwicklung. Das »Trotzverhalten« kann sich verstärken und die Machtkämpfe nehmen zu. Manche Kinder ziehen sich auch zurück. Sie fallen dann zwar weniger auf, in ihrer emotionalen Entwicklung jedoch werden sie gehemmt, und können so keine angemessenen Strategien für den Umgang mit Gefühlen entwickeln. In beiden Fällen sinkt außerdem die Kooperationsbereitschaft.

Wie also können Sie Ihr Kind nun liebevoll und wertschätzend begleiten und gut mit dem Verhalten des Kindes umgehen? Um den Umgang mit Gefühlen zu lernen, sind fünf Schritte in der emotionalen Entwicklung von Kindern wesentlich:

- Gefühle wahrnehmen
- Gefühle erkennen
- Gefühle benennen
- Gefühle kontrollieren (und regulieren)
- Gefühle selbst beeinflussen

Ziel der emotionalen Entwicklung ist es, dass Kinder zunächst Zugang zu ihren Gefühlen bekommen. So können sie langfristig dann ihre Emotionen regulieren und einen guten und konstruktiven Umgang damit finden. Langfristig gesehen heißt das, dass sie mit Wut zum Beispiel so umgehen können, dass niemand – weder sie selbst noch andere Menschen – verletzt und nichts beschädigt wird. Dabei ist es wesentlich, dass Kinder Verknüpfungen zwischen ihren Gefühlen und den jeweils darunter liegenden Bedürfnissen herstellen kön-

nen. Nur, wenn das gelingt, können sie Gefühle regulieren und beeinflussen. Ein weiteres Ziel ist, dass Kinder mit der Zeit auch die Gefühle anderer erkennen und verstehen und dass sie lernen, Gefühle zuzulassen.
Auch wir Erwachsene haben häufig keinen guten Zugang zu den eigenen Gefühlen. Deshalb geraten Eltern auch – gerade wenn die Kinder mit dieser grundlegenden Entwicklung voranschreiten – an ihre Grenzen. Die Entwicklung des Kindes ist für die Eltern dann eine große Chance, selbst noch einmal einen anderen, besseren Zugang zu den eigenen Gefühlen zu bekommen.
Für die achtsame Begleitung der emotionalen Entwicklung Ihres Kindes in der Autonomiephase ist wichtig, dass Sie

- nicht das Verhalten des Kindes im Vordergrund sehen, sondern die Gefühle spiegeln, das heißt, dass Sie sie benennen und Worte für das finden, was das Kind (noch) nicht ausdrücken kann,
- Verständnis für das Gefühl, welches beim Kind spürbar wird, entwickeln und nicht das kindliche Verhalten sanktionieren, bewerten oder versuchen, es mit Macht »abzustellen«,
- authentisch und einfühlsam in der Beziehung zum Kind bleiben und das Kind nicht mit dem Gefühl alleine lassen.

GEFÜHLE ANSPRECHEN UND MITFÜHLEN

Stellen Sie sich vor, Sie kommen mit Ihrem Kind an einer Eisdiele vorbei. Es besteht auf einem Eis. Sie wollen – aus welchem Grund auch immer – nicht. Das Kind kann innerlich noch nicht umplanen, wirft sich auf den Boden und wird von der Intensität der neuen Gefühle (Wut, Ärger, Unverständnis, Hilflosigkeit) überwältigt. Wie können Sie in so einer Situation gut reagieren? Zum Beispiel so:
»Ich kann sehen, dass du dich ÄRGERST, … dass du ENTTÄUSCHT bist, … VERZWEIFELT bist. Du bist TRAURIG, das merke ich.«

DAS KIND LERNT SEINE GEFÜHLSWELT KENNEN

Hier wird das Gefühl des Kindes angesprochen! Das Kind bekommt so Informationen darüber, was in ihm vorgeht. Es erfährt, wie Vater oder Mutter das Gefühl sprachlich ausdrücken können. Dadurch lernt das Kind auch, sich in seiner Gefühlswelt zurechtzufinden und Emotionen selbst zu benennen. Es kann dann sagen: »Ich bin ärgerlich. Ich bin enttäuscht, verzweifelt, traurig.« Sobald es innere Vorgänge benennen und seine Gefühle artikulieren kann, werden die Ohnmacht und die Überflutung weniger und es kann innere Vorgänge besser sortieren und einordnen. Die emotionale Überforderung des Kindes lässt so mit jeder guten Erfahrung und Begleitung in diesem Sinne etwas nach und erlebte Gefühle können integriert werden.
GUTE EMOTIONALE BOTSCHAFTEN an das Kind in dieser Form der Begleitung sind:

- Ich sehe dich mit deinem Gefühl und nehme es wahr.
- Du bist gesehen und anerkannt mit deinem Gefühl.
- Ich nehme dich an mit deinem Gefühl, deiner Ohnmacht und deiner Hilflosigkeit.
- Du kannst dich auf mich verlassen, du bist damit nicht alleine.

Wenn wir auf der Verhaltens- oder Vernunftebene reagieren, etwa mit Sätzen wie: »Hör jetzt auf!«, »Stell dich nicht so an!«, »Das haben wir doch besprochen!«, »Reiß dich jetzt zusammen!«, »Ich hab dir doch erklärt …!«, bekommt das Kind zwar die Information, dass sein Verhalten nicht in Ordnung ist (das weiß es im Übrigen häufig schon!) und als »schlecht« bewertet wird. Mit dieser Information allerdings kann es nicht viel anfangen, da sein Verhalten von dem darunterliegenden Gefühl (Ärger, Wut, Unverständnis, Hilflosigkeit) gesteuert wird. So erhält das Kind folgende DESTRUKTIVE BOTSCHAFTEN: Ich lehne dich und dein Gefühl ab. Ich lasse dich mit deinem Gefühl alleine oder übertrete gar deine Grenze, wenn du dieses Gefühl zeigst!

GEFÜHLE UND BEDÜRFNISSE BRAUCHEN BEACHTUNG

Ziel einer achtsamen Begleitung ist nicht, das Kind zu beruhigen, damit es aufhört zu weinen oder nicht mehr wütend ist! Ziel ist, dass das Kind nicht alleine mit seinem Gefühl bleibt. Was wir verstehen müssen, ist: Das Kind kann nicht einfach sein Verhalten abstellen, wenn das Gefühl nicht beantwortet, beziehungsweise das darunterliegende emotionale Bedürfnis (etwa mehr Eigenständigkeit) missachtet wird, das für sein Gefühl und Handeln verantwortlich ist. Das Bedürfnis braucht Beachtung und eine Antwort. Wenn Erwachsene nun aber ausschließlich auf das Verhalten von Kindern eingehen und die emotionale Ebene vernachlässigen, also den URSPRUNG des Verhaltens ignorieren, ist das Kind über kurz oder lang mit seinen Gefühlen alleine. Es wird dann nach und nach diese Ebene selbst vernachlässigen und das eigene Bedürfnis verdrängen. Kinder lernen so nicht, dass Ärger auch berechtigt ist und wie er gesteuert und abgebaut werden kann. So müssen sie Wut und Enttäuschung unterdrücken und es fehlt ihnen die Erfahrung, wie eine mögliche Regulation, ein Durchleben und ein Abbau von sogenannten negativen Gefühlen später aussehen könnte.

Und noch etwas: Die nicht nach außen gedrungenen negativen Gefühle bleiben da! Sie verschwinden nicht einfach, sondern werden »abgespeichert«. Sie STAUEN sich regelrecht im kindlichen Nervensystem auf und kommen an anderer Stelle dann umso stärker wieder heraus. Das kann dazu führen, dass Kinder eine geringe Frustrationstoleranz entwickeln, schnell ungeduldig und unzufrieden sind oder plötzliche, sehr starke und für andere nicht nachvollziehbare Gefühlsausbrüche zeigen.

VERSTÄNDNIS FÜR DAS GEFÜHL ENTWICKELN

Das Wahrnehmen und Benennen von Gefühlen ist also wesentlich. Es geht jedoch auch darum, ein ehrliches Verständnis für das Gefühl des Kindes zu entwickeln und mitzufühlen. Das heißt nicht, dass Sie mit dem Kind in der Sache übereinstimmen müssen. Sie können aber Verständnis dafür aufbringen, wie das Kind fühlt, und ihm zeigen, dass Sie es mit seinen schwierigen Gefühlen nicht alleine lassen und es akzeptieren. »Ja, das ist aber auch DOOF, dass … Ich kann VERSTEHEN, dass … Oh, ja! SO WAS BLÖDES. Das geht mir manchmal auch so …«

GEFÜHLE UMFASSEND SPIEGELN

Wichtig ist, dass Sie das Gefühl des Kindes und Ihr Verständnis dafür nicht nur über die Worte, die Sie sprechen, verdeutlichen, sondern auch über Mimik, Gestik, Stimme und Tonfall – alles sollte das momentane Gefühl des Kindes authentisch widerspiegeln. Denn für das Kind ist es hilfreich, wenn Sie die Wut, den Ärger, die Enttäuschung ganzkörperlich mitfühlen und ausdrücken: Legen Sie also ruhig Empörung in die Stimme. So spiegeln Sie das Gefühl und Ihr Kind lernt alternative Ausdrucksmöglichkeiten und ein Ventil für seinen Ärger kennen.

AUCH STARKE EMOTIONEN AKZEPTIEREN UND GEMEINSAM AUSHALTEN

Das Kind erfährt im Kontakt zu Ihnen, dass Gefühle (auch sogenannte negative) zum Menschen dazu gehören und uns helfen, uns selbst besser zu verstehen. Es lernt auch, sich selbst und seine Emotionen anzunehmen und diese nicht zu unterdrücken oder zu negieren, wenn es immer wieder erfährt: Ich bin auch mit meinen Gefühlen angenommen und geliebt. Die emotionale Desorientierung und Verunsicherung des Kindes lässt so mit jeder guten Erfahrung und Begleitung in diesem Sinne etwas nach und auch starke Gefühle können im Laufe der Zeit integriert werden. Eltern brauchen hierbei Geduld und Verständnis für diese besondere Entwicklungsphase.

Wenn Sie also die emotionale Lage Ihres Kindes verstehen und nachvollziehen können, senden Sie wichtige Signale, die das Kind in seiner Entwicklung unterstützen. GUTE EMOTIONALE BOTSCHAFTEN an das Kind in dieser Form der Begleitung sind:

- Ich sehe dich nicht nur in deinem Gefühl, sondern ich kann dich auch gut verstehen.
- Du bist gesehen und anerkannt in deiner Not und nicht alleine.
- Ich nehme dich ernst in deiner Verzweiflung und deiner Unsicherheit und bin bei dir und gebe dir Sicherheit.
- Du kannst dich auf mich verlassen, ich halte dich auch mit deinen starken Gefühlen aus.

Würden wir dagegen das Kind zurechtweisen und/oder ihm Sanktionen androhen, dann erhielte es DESTRUKTIVE BOTSCHAFTEN. Hinzu käme noch: Wer so starke Gefühle hat, wird als Persönlichkeit nicht anerkannt. Du weckst negative Gefühle in mir. Ich kann dir in deinem Zustand nicht helfen und lasse dich allein.

IM EINFÜHLSAMEN KONTAKT ZUM KIND BLEIBEN

Weiterhin geht es darum, dem Kind einen Kontakt anzubieten – eine Art unsichtbares Band, welches ihm Sicherheit gibt – und sich gleich-

zeitig authentisch zu positionieren, also seinen Standpunkt zu vertreten. Das könnte sich zum Beispiel so anhören:
»Es TUT MIR LEID, dass das jetzt so ist, … Wenn ich AN DEINER STELLE wäre, würde ich mich auch ärgern, … Wir halten das jetzt GEMEINSAM aus und … Weißt du was, ich finde es AUCH schade und doch habe ich es jetzt so entschieden.«

VERSTÄNDNIS HEISST NICHT ZUSTIMMUNG

Ziel ist auch hier nicht, mit dem Kind einig zu sein, sondern mitfühlend Position zu beziehen. Sie dürfen als Eltern nicht erwarten, dass das Kind für Ihre Entscheidung Verständnis aufbringt. Im Gegenteil, Verständnis liegt vor allem auf Ihrer Seite: Sie als Bezugsperson gestehen dem Kind seine Gefühle bedingungslos zu, benennen diese, fühlen mit und fühlen sich ein und bleiben dabei authentisch. Deshalb ist es so wichtig, dass Erwachsene auch einen guten Zugang zu ihren eigenen Gefühlen haben. Ist das nicht der Fall, wird es vermehrt zu Konflikten kommen. Eltern fühlen sich dann häufig angegriffen und manövrieren sich schneller in einen Machtkampf hinein. Gut ist, wenn Sie als Erwachsene mitfühlen können, ohne dass Sie Ihre Entscheidung (»Es gibt jetzt kein Eis«) infrage stellen. Das Kind darf traurig sein, und Sie dürfen Ihrem Kind Bedauern über die Situation signalisieren und gleichzeitig zu Ihrer Entscheidung stehen.

Das Kind macht dann die Erfahrung, dass Vater oder Mutter es klar und wertschätzend begleiten. Es erhält ORIENTIERUNG, weil die Eltern sich selbst sicher und darüber im Klaren sind, was sie wollen und was nicht. Das heißt, in einer Situation, in der das Kind Überforderung erlebt, erlebt es auch Erwachsene, die SICHERHEIT geben und den Überblick über die Situation behalten.

Außerdem versteht es, dass Menschen unterschiedliche Meinungen haben dürfen und sich trotzdem lieb haben können. Bei einer solchermaßen achtsamen und einfühlsamen Begleitung spürt das Kind: Meine Eltern bewahren Ruhe, und auch wenn ich mich jetzt so fühle, ist das in Ordnung. Oder: Meine Eltern sind klar in ihrer Haltung und Entscheidung und fühlen doch mit mir. Meine Eltern wollen etwas anderes als ich und haben mich trotzdem lieb. Es macht so eine weitere wichtige emotionale Erfahrung und lernt, dass es in seiner Überforderung jemanden gibt, der bedingungslos und wertschätzend an seiner Seite ist.

GUTE EMOTIONALE BOTSCHAFTEN an das Kind in dieser Form der Begleitung sind:

- Ich gebe dir Sicherheit.
- Mach dir keine Sorgen, ich bewahre den Überblick.
- Ich bin an deiner Seite, du bist nicht alleine.
- Ich trage die Verantwortung für diese Entscheidung und führe dich sicher durch diesen Konflikt.

Würden Eltern dagegen in ihrer Entscheidung schwanken und/oder die liebevolle Beziehung zum Kind infrage stellen, würde es folgende DESTRUKTIVE BOTSCHAFTEN erhalten: Du machst mich unsicher, wenn du starke Gefühle hast. Ich weiß jetzt selbst nicht weiter und kann dir nicht helfen. Sag du mir, was ich nun tun soll. Die Verantwortung für die Situation liegt bei dir, weil du diese Gefühle hast.

ECHTE WERTSCHÄTZUNG

KRÄNKUNG UND BEVORMUNDUNG VERMEIDEN

Kinder brauchen Eltern, die sie wertschätzen und Verantwortung für sie übernehmen. Zum einen für die Bedingungen, die ein gesundes Aufwachsen ermöglichen, zum anderen um ihren Kindern je nach Persönlichkeit und individueller Entwicklung Eigenverantwortung zu überlassen. Oft verletzen Erwachsene aber unbewusst die Grenzen von Kindern, indem sie strafen und Kinder so auch nachhaltig kränken. Das geschieht meist, weil sie es selbst nicht anders erlebt haben. Dabei ist es möglich, Konflikte konstruktiv zu lösen.

Wann im Alltag und in welchen Bereichen dürfen und können Kinder eigentlich eigene Verantwortung übernehmen und für sich selbst entscheiden? Wann sind wir in unserer elterlichen Rolle verpflichtet, vollständig die Verantwortung zu übernehmen? Und wie konkret sieht unsere Verantwortung aus? Was oft geschieht, ist, dass wir Eltern ein Verhalten oder eine Äußerung unseres Kindes mit unseren Maßstäben BEWERTEN und in der Folge dem Kind dann keine eigene Entscheidung zugestehen. Das heißt: Wir bevormunden häufig unsere Kinder und BESTIMMEN über ihren Kopf hinweg – und das sogar in den meisten Fällen völlig unnötig.

ELEMENTARE GRUNDBEDÜRFNISSE WERDEN ÜBERGANGEN

Schon Säuglinge sind bereits in der Lage, eigenständig über Appetit und Durst zu entscheiden. Beim Stillen wird das sehr deutlich: Das Baby dreht den Kopf weg, sobald es sich satt fühlt und genügend getrunken hat. Oft genug versucht die Mutter dann aber trotzdem, das Kind »zu überzeugen«, noch mehr zu trinken – aus unterschiedlichen Gründen. Dies geschieht zum Beispiel aus der Sorge heraus, das Kind könnte zu wenig Nahrung aufgenommen haben, oder auch weil sie möchte, dass das Baby länger satt (und damit auch ruhig?) ist. Hier wird deutlich, dass wir Säuglingen die eigene Verantwortung für ihr ureigenes Gefühl nicht zugestehen. Das Kind dreht den Kopf weg, aber wir Eltern bewerten das Kind und seine Äußerung so: »Doch, du hast bestimmt noch Hunger! Trink noch mehr!«

BEDEUTUNG KÖRPERLICHER SIGNALE

Solche Bevormundung in Bezug auf das Essen zeigt sich dann meist auch später noch, wenn das Kind älter ist. Manchmal versuchen wir mit Tricks, das Kind zu weiteren Bissen zu verleiten: »Noch ein Löffelchen für Papa, noch eins für die Oma!« Und im Kita- oder Schulkindalter? Darf Ihr Kind selbst entscheiden, wann es satt ist? Oder bewerten und bestimmen Sie: »Nein, du kannst noch nicht satt sein. Iss doch noch etwas!« So urteilen wir – wohlmeinend – über elementare Bedürfnisse des Kindes und berauben es damit der Möglichkeit, selbst Erfahrungen zu machen, eigene Entscheidungen zu treffen. So beschneiden wir sein Recht auf SELBSTBESTIMMUNG. Dabei steht schon kleinen Kindern das Recht auf Verantwortung für bestimmte Bereiche zu und sie können diese auch übernehmen!

Gerade körperliche Signale und Impulse sind für die Kinder in ihrer Entwicklung zur Eigenständigkeit wesentlich. Wenn wir sie hier in ihrer Autonomie beschneiden, verhindern wir wichtige Selbsterfahrungen. Denn so können Kinder nur schwer lernen, ihrem eigenen Gefühl für Appetit und Sättigung zu vertrauen.

SPANNUNGSFELD VERANTWORTUNG UND MACHT

Wie viel SELBSTVERANTWORTUNG dürfen wir also unseren Kindern überlassen? Wenn wir uns mit dieser Frage beschäftigen, dann wird schnell Folgendes klar: Elterliche Verantwortung und MACHT sind untrennbar miteinander verbunden. Das birgt die Gefahr, dass Erwachsene die natürlich gegebenen Machtverhältnisse – oft auch unbewusst – missbrauchen.

Verantwortung übernehmen – nicht nur Macht ausüben

Leonie ist fünf Jahre alt und besucht die Kita. Heute haben sie und ihre Mutter noch etwas Besonderes vor: Sie wollen ins Schwimmbad. Leonie wartet schon angezogen auf der Bank, als ihre Mutter kommt. Sie begrüßen sich und Leonie plappert in Vorfreude auf die gemeinsame Unternehmung los. Als sie schon fast an der Tür sind, bleibt Leonie plötzlich stehen. »Ich muss noch mal auf die Toilette, Mama«, sagt sie und will sich von der Hand ihrer Mutter losmachen. Ihre Mutter jedoch hält sie fest. »Nein, Leonie! Das hättest du dir früher überlegen müssen. Du hattest doch genügend Zeit, als du auf mich gewartet hast.« – »Bitte, Mama, ich muss wirklich«, versucht Leonie die Dringlichkeit ihres Bedürfnisses zu unterstreichen. Aber umsonst: »Du kannst gleich im Schwimmbad auf die Toilette gehen, da ziehen wir uns sowieso um!«

Wenn wir wollen, dass unsere Kinder eine innere, persönliche Autorität entwickeln und zu Menschen werden, die in ihrem Leben später unabhängig und verantwortungsvoll eigene existenzielle und auch soziale Entscheidungen treffen können, dann sollten wir ihnen von Beginn an Eigenverantwortung zugestehen, ihre Signale ernst nehmen und ihnen früh in bestimmten Bereichen Entscheidungen überlassen. Anderenfalls werden sie unter Umständen zu Menschen, die eher auf fremde Autoritäten vertrauen und nur schlecht Verantwortung für sich und andere übernehmen können.

Wenn wir Verantwortung mit Macht verwechseln

Die Mutter von Leonie übernimmt eine Verantwortung, die gar nicht ihre, sondern die ihrer Tochter ist (und sein müsste). Leonie signalisiert sehr deutlich, dass sie zur Toilette muss und hat ein sehr persönliches körperliches BEDÜRFNIS. Nur sie selbst kann beurteilen, wie dringlich es ist, diesem Bedürfnis nachzukommen. Die Mutter kann dies gar nicht von außen einschätzen und sehr wahrscheinlich war das auch gar nicht ihre Absicht. Vermutlich war ihr schlicht die Verzögerung, die sich aus dem ungeplanten Toilettengang für sie ergeben hätte, zu viel. Ob so oder so: Indem die Mutter hier die Verantwortung einfach übernimmt, über Leonie bestimmt und sogar ein Verbot ausspricht, missbraucht sie ihre elterliche Macht. Sie missachtet das körperliche Bedürfnis und übersieht auch, dass für ihre Tochter die absolute Notwendigkeit besteht, in diesem persönlichen Bereich eigene Verantwortung übernehmen zu dürfen und autonom zu handeln.

Zudem befindet sich Leonie gerade in einer Entwicklungsphase, in der sie intensive Erfahrungen auf verschiedenen Ebenen macht:

- Mein Körper gehört mir, ich entscheide.
- Ich kann meinen Körper kontrollieren.
- Ich kann ein Bedürfnis steuern.
- Ich kann etwas bewirken und trage Verantwortung.

Durch die Bevormundung in diesem sensiblen Bereich, wird das Mädchen jedoch erheblich verunsichert.

Leonie übernimmt entwicklungsgerecht Eigenverantwortung für ihren Körper. Das macht sie selbstständig und unabhängig. Inmitten dieser wesentlichen ENTWICKLUNGSERFAHRUNG empfängt das Mädchen nun durch das Eingreifen seiner Mutter folgende Botschaften: »Die Signale, die mein Körper sendet, sind nicht wahr; körperliche Signale muss ich also übergehen; meine Mutter hat hier das Sagen, meine Bedürfnisse sind nicht wichtig.« Das ist verhängnisvoll und bringt Leonie in einen inneren Konflikt, nämlich: »Wenn ich auf meine Bedürfnisse höre, widerspricht dies dem, was meine Mutter möchte.« Sie ist so zwischen der eigenen Autonomie und ihrer Loyalität und Kooperationsbereitschaft der Mutter gegenüber hin- und hergerissen und entscheidet sich letztendlich – wie fast alle Kinder – für die Kooperation mit ihrer Mutter. Leonie stellt ihr eigenes Bedürfnis hintenan und wird so in einer wichtigen Autonomie- und Persönlichkeitsentwicklung gehemmt, was langfristig zu Störungen – zum Beispiel zu einem Rückfall beim Trockenwerden – führen kann. Wenn Eltern in dieser Form mit Macht agieren, können Kinder sich dem entweder nur fügen oder den Kampf mit den Erwachsenen aufnehmen. Kraftraubende Machtkämpfe zwischen Eltern und Kindern zu vermeiden liegt jedoch in der Verantwortung von uns Eltern. Kinder können das von sich aus nicht und sind hier auf uns angewiesen. Ebenso wie darauf, dass wir als Eltern ihnen den nötigen Raum für eigene Entscheidungen und Selbstbestimmung überlassen.

WIE KÖNNEN WIR ES REPARIEREN?

Wir alle können dazulernen und uns mit unseren Kindern entwickeln! Indem wir uns und unser Verhalten als Eltern hinterfragen und die Bedürfnisse und Gefühle unserer Kinder ernst nehmen. Und wenn wir – wie Leonies Mutter – doch einmal unsere Macht missbraucht haben? Dann können wir das wiedergutmachen und VERANTWORTUNG dafür übernehmen.

Leonies Mutter könnte – nach einer kurzen Phase der Selbstreflexion – später zu ihrer Tochter etwa Folgendes sagen: »Leonie, es tut mir leid, dass ich dich nicht auf die Toilette habe gehen lassen und dich damit in diese Situation gebracht habe. Ich habe das nicht gut gemacht und nur an mich gedacht. Es ist nicht deine Schuld. Das nächste Mal werde ich versuchen, es anders zu machen.« So übernimmt die Mutter die vollständige Verantwortung für die Situation. Das ist wichtig! Die verhängnisvollen Botschaften, die Leonie zunächst empfangen hat, können so in neue Botschaften umgewandelt werden, nämlich: »Meine Bedürfnisse zählen doch; Mama hat es erst später gemerkt.« Sie wird so ernst genommen und erfährt, dass sie nicht schuld ist. Das heißt, sie trägt keine Verantwortung dafür, dass ihre Mutter ärgerlich ist. Leonie wird so entlastet und macht die Erfahrung, dass ihre Mutter sich irren kann.

WAS GENAU IST ELTERLICHE VERANTWORTUNG?

Früher waren die Rollen klar verteilt und die Erwachsenen haben an jeder Stelle für das Kind entschieden. Das Kind hatte sich dem Willen der Eltern zu beugen, gehorsam zu sein und sich unterzuordnen. Selbstbestimmung, Eigenverantwortung und Autonomie spielten keine Rolle. Heute wissen wir, wie wichtig diese Aspekte für ein gesundes körperliches und seelisches Wachstum von Kindern sind. Deshalb spielt es in der neuen Eltern-Kind-Beziehung eine große Rolle, wie genau die VERANTWORTUNG DER ELTERN aussieht und wo und wann die EIGENVERANTWORTUNG DER KINDER essenziell ist.

Wenn wir unseren Willen mit Macht durchsetzen, setzen wir die Qualität unserer Beziehung zum Kind aufs Spiel und hemmen es vor allem in seiner emotionalen Entwicklung. Das passt nicht zum neuen, beziehungsorientierten Weg. Elterliche Verantwortung zu übernehmen heißt: Erkennen,

- in welchen Bereichen die Verantwortung eindeutig bei uns liegt, wir ohne Wenn und Aber unserer FÜRSORGEPFLICHT nachkommen müssen – etwa in akuten Gefahrensituationen,
- in welchen Bereichen Kinder Verantwortung für sich übernehmen können, wir ihnen VERANTWORTUNG ÜBERLASSEN dürfen.

Wir bewegen uns als Eltern hier also einmal mehr im Spannungsfeld von »Schutz bieten« und »Freiraum gewähren«, von Verbundenheit und Autonomie.

Kinder können schon früh Verantwortung für eigene elementare körperliche Bedürfnisse übernehmen. Gerade in diesem Bereich persönlicher Bedürfnisse und Anliegen (wie Hunger, Sättigung, Ausscheidungskontrolle …) haben sie die besten Chancen, sich und ihr Bedürfnis selbst kennenzulernen und wunderbare Erfahrungen mit der Eigenverantwortung zu machen – wenn wir sie lassen!

GUTER UMGANG MIT MACHT

Oft kommt bei Eltern die Frage auf: »Wo kann ich und wo muss ich Verantwortung übernehmen und wie kann ich dabei achtsam und wertschätzend vorgehen?« Denn viele Eltern fühlen sich nicht gut dabei, wenn sie Verantwortung und Macht verwechseln.

VERANTWORTUNG GANZ IN DER HAND DER ELTERN

Der zweieinhalbjährige Jannik ist mit seinem Vater unterwegs. Während sein Vater den Kinderwagen schiebt, in dem Janniks jüngere Schwester liegt, hält sich der Junge an der Seite des Wagens fest. Als sie an eine stark befahrene Straße kommen, nimmt der Vater Janniks Hand. Jannik jedoch entdeckt eine Baustelle, reißt sich los und will wegrennen. Sein Vater reagiert blitzschnell und folgt seinem Sohn in großen Schritten: »An dieser Straße bleibst du bitte an meiner Hand«, sagt er und nimmt, ohne auf die Proteste von Jannik einzugehen, dessen kleine Hand in seine eigene.

»Nein, Papa«, jammert Jannik. »Ich will nicht, bin schon groß«, versucht er zu erklären, allerdings ohne Erfolg. »Jannik, ich verstehe dich gut. Es geht jetzt nicht anders, das ist hier zu gefährlich«, erläutert der Vater knapp, aber freundlich. Und er hockt sich – weiterhin Janniks Hand in seiner – zu seinem Sohn, schaut ebenfalls zur Baustelle und zeigt auf den großen Bagger, der gerade mit viel Getöse die Schaufel in einen Container entleert. »Schau mal da, der Riesenbagger, Jannik!« Der Junge ist begeistert. Wenig später laufen sie – Hand in Hand – weiter. »Du kannst jetzt wieder vorlaufen, wenn du magst«, sagt der Vater, als die Straße hinter ihnen liegt. Jannik bleibt noch einen Moment an der Hand seines Vaters, dann löst er sich und hält sich wieder am Kinderwagen fest.

Niemand würde hier Janniks Vater einen Vorwurf machen. Wir sind uns sicher einig: Er musste hier handeln und hat elterliche Verantwortung übernommen. Zwar hat er sich durch seine körperliche Überlegenheit durchgesetzt und auch elterliche Macht genutzt, er hat sie jedoch nicht missbraucht. Es ist überhaupt keine Frage, dass Eltern häufig (noch) für ihre kleinen Kinder entscheiden und Verantwortung übernehmen müssen und sie damit auch beschützen, etwa wenn es gefährlich wird. Es gibt unendlich viele (kleine, aber auch größere) Momente im Alltag, in denen Eltern in ihrer Verantwortung gefragt sind, vor allem wenn es für das Kind EXISTENZIELL wird.

AUCH DER TON SPIELT EINE ROLLE

Man kann die geschilderte Szene – Jannik reißt sich von der Hand des Vaters los – auch anders weitererzählen, um noch einmal den atmosphärischen Unterschied zwischen Verantwortung und Machtmissbrauch deutlich zu machen:

»Nein, Papa«, jammert Jannik. »Ich will nicht, bin schon groß«, versucht er zu erklären, allerdings ohne Erfolg. Sein Vater beugt sich zu ihm hinunter und zischt wütend: »Wie oft habe ich dir schon gesagt, dass du hier an der Hand sein musst, hör sofort mit dem Gejammer auf, sonst gehen wir direkt weiter.« Jannik blickt erschrocken in das wütende Gesicht seines Vaters, der seine kleine Hand nun sehr festhält. »Ja, Papa«, sagt er und beginnt zu weinen. »Immer dieses Geheule. Ich hab's dir gesagt, wenn du's nicht lassen kannst, dann gehen wir!«, sagt der Vater streng und zerrt Jannik augenblicklich an der Hand weiter, vorbei an der Baustelle und vorbei an dem Bagger. Jannik schluchzt den gesamten Weg, bis die gefährliche Straße weit hinter ihnen liegt.

In dieser Variante der Geschichte übernimmt der Vater ebenfalls die elterliche Verantwortung, um Gefahr von seinem Sohn abzuwenden. Die Art und Weise, wie er diese Verantwortung dem Kind gegenüber deutlich macht, ist jedoch wenig fürsorglich und liebevoll – er bevormundet es und setzt sich machtvoll durch. Das strapaziert das Verhältnis zwischen Vater und Sohn. Und die Beziehung wird auch noch zusätzlich belastet, weil der Vater seinem Sohn die Verantwortung für den Konflikt zuschiebt: »Ich hab's dir gesagt, wenn du's nicht lassen kannst, dann gehen wir!« Kinder jedoch tragen nicht die Verantwortung für die Qualität der Beziehung zu uns Erwachsenen – auch nicht teilweise. Kinder sind Kinder und können aus sich selbst heraus hier keine Aufgabe übernehmen und sind auf uns angewiesen.

Es muss uns klar sein: Erwachsene tragen selbst und allein die gesamte Verantwortung. Es ist zu jeder Zeit unsere Aufgabe, die Beziehung zu Kindern achtsam und wertschätzend zu gestalten – sie selbst wären damit völlig überfordert. Kinder verursachen – mit ihrem aus unserer Erwachsenensicht »unangepassten« Verhalten – allenfalls Belastungen. Die Verantwortung jedoch, damit gut und konstruktiv umzugehen, eine warme Atmosphäre zu gestalten und für eine gelingende Beziehung zu sorgen, liegt in unseren Händen, also bei den Eltern.

DIE RICHTIGE ANTWORT AUF AGGRESSIONEN

Wenn Kinder sich nicht so verhalten, wie es erwünscht ist, ist das kein persönlicher Angriff auf die Erwachsenen, sondern ein wichtiger Bestandteil der natürlichen Entwicklung. Kinder brauchen jedoch Orientierung, Begleitung und FÜHRUNG durch Erwachsene. Es kommt dabei auf die Art und Weise der Führung an. Ist diese rigide und machtvoll, kann sich das Verhalten verstärken. Wenn wir jedoch wertschätzend und verantwortungsvoll führen und unsere Kinder achtsam begleiten, können sie wertvolle Erfahrungen machen.

VERANTWORTUNGSVOLLE FÜHRUNG IN KONFLIKTSITUATIONEN

Vielleicht sagen Sie jetzt: »Ich gehe doch verantwortungsvoll und wertschätzend mit meinem Kind um« – und was, wenn Kinder Aggressionen zeigen? Schnell fühlen wir uns verantwortlich und in der elterlichen Pflicht, das aggressive kindliche Verhalten zu unterbinden.

Die Mutter des vierjährigen Benjamin ruft empört: »Jetzt reicht es wirklich, Benjamin! Du sollst doch nicht hauen!« Sie nimmt ihn unsanft am Arm und läuft mit ihm zur Bank an den Rand des Spielplatzes. Benjamin schreit und wehrt sich: »Nein, Mama! Lass mich los!« Seine Mutter ist ärgerlich und rüttelt ihn heftig am Arm. »Was denkst du dir dabei? Du kannst hier nicht einfach ein anderes Kind hauen! Das ist nicht in Ordnung!«, ruft sie und setzt Benjamin mit einem Ruck auf die Bank. »So, mein Freund, jetzt bleibst du hier fünf Minuten sitzen und überlegst dir mal, was du gemacht hast!« – »Mama, ich wollte …«, setzt Benjamin zur Erklärung an und strampelt wütend mit den Beinen, »… der Junge war böse!«. Benjamin schaut grimmig vor sich hin. Sein kleines Gesicht ist hochrot »Nein, Benjamin, hier bin ich jetzt ganz konsequent! Das geht so nicht. Gleich, wenn deine Auszeit vorbei ist, entschuldigst du dich bei dem anderen Kind!«

Es ist nachvollziehbar, dass die Mutter hier aufgebracht und ärgerlich ist. Der Konflikt jedoch, der zur Eskalation geführt hat, ist nicht gelöst und beide – die Mutter und das Kind – sind frustriert und gekränkt. Schauen wir uns an, was auf der Ebene der Beziehung zwischen Benjamin und seiner Mutter passiert ist! Der Junge hat folgende Botschaft erhalten: »Du hast hier eine Grenze nicht gewahrt. Deine Grenze jedoch hat gar keine Bedeutung für mich.«

Kinder brauchen jedoch unbedingt konstant die wesentliche Erfahrung, dass ihre eigenen persönlichen Grenzen geachtet werden und für andere bedeutsam sind. Nur dann können sie auch lernen, selbst achtsam mit den Grenzen anderer umzugehen.

Warum agieren wir häufig nach dem Muster wie Benjamins Mutter? Weil wir glauben, dass Mütter so sein müssen, und weil wir als Kinder ähnliche Erfahrungen gemacht haben. Benjamins Mutter hat selbst wenig Liebevolles erlebt. Ihre Erziehung war klar von der elterlichen Haltung geprägt, dass sich liebevoller Kontakt zu Kindern und konsequente Erziehung ausschließen. Dadurch hat sie gelernt: Wer nicht konsequent ist, handelt seinen Kindern gegenüber verantwortungslos – und genau das möchte sie in ihrer Rolle als Mutter nicht sein. Aber wie kann eine verantwortungsvolle und gleichzeitig achtsame und wertschätzende Führung der Erwachsenen aussehen? Nun, statt auf der Verhaltensebene zu schimpfen und zu werten (»Jetzt reicht es … das ist nicht in Ordnung«), zu belehren, indem wir strafen (»… fünf Minuten Auszeit …«), und zu bevormunden (»… entschuldigst du dich …«), wenden wir uns auch in Konfliktsituationen und bei aggressivem Verhalten der Beziehungsebene zu und kümmern uns um die Bedürfnisse und Gefühle des Kindes, die hinter seinem Verhalten verborgen sind. Wir fragen uns also: Woher kommt die Aggression?

WAS HINTER KINDLICHER AGGRESSION STECKT

Es wurde schon erklärt, wie wichtig es ist, dass Kinder mit der Zeit ihre gesamte Gefühlspalette kennenlernen. Die drei Grundemotionen im Zusammenhang mit Aggression sind Wut, Angst und Schmerz. Auf sie lassen sich viele andere, wie Enttäuschung oder Ärger, zurückführen. Diese drei Grundgefühle entstehen, wenn eines von zwei wesentlichen Grundbedürfnissen – Bedürfnis nach Zuwendung und Bedürfnis nach Autonomie – nicht ausreichend befriedigt wird. Aggressionen sind eine Reaktion auf gefühlten Schmerz, Wut und/oder Angst. Diese Gefühle suchen sich ihren Weg und funktionieren wie Wasser in einem Leitungssystem mit drei Ventilen. Ist eine Öffnung »verstopft« oder wird sie »zugehalten« (Gefühl wird unterdrückt), entsteht innerer Druck und das Wasser spritzt umso heftiger aus den beiden anderen Düsen. Wird zum Beispiel Schmerz unterdrückt, werden Angst und/oder Wut übermächtig. Dieser Mechanismus äußert sich dann in Symptomen: Das Kind wird zunehmend aggressiv, zeigt Unruhe, allgemeine Unzufriedenheit oder zieht sich zurück, was langfristig zu Erkrankungen führen kann. Deshalb ist es so wichtig, dass Aggressionen nicht unterbunden werden, sondern wir unseren Kindern helfen, ihre negativen Gefühle kennenzulernen.

AGGRESSIVE KINDER SIND KEINE KLEINEN GEWALTTÄTER

Aggressionen sind unerwünscht, haben jedoch nicht unbedingt zerstörerischen Charakter, sondern können auch konstruktiv sein. Wenn Sie Sportler im Fernsehen in Zeitlupe betrachten, können Sie erkennen, wie sich anfängliche Aggressivität (Angriffslust) in positive Energie verwandelt und den Sportler zu Höchstleistungen bringt. Auch ist es ein weitverbreiteter Irrtum, dass aus einem aggressiven Vierjährigen später unweigerlich ein jugendlicher Gewalttäter wird. (Zahlreiche Untersuchungen zeigen vielmehr, dass gewalttätige Jugendliche fast ausnahmslos in ihren Familien selbst Gewalt erfahren haben, also Opfer, nicht Täter waren.) Kinder in Benjamins Alter können Konflikte einfach noch nicht ausschließlich verbal klären. Verlangen wir also nicht Unmögliches von ihnen und überfordern wir sie nicht.

»Aber Menschen können ihre Aggressionen doch nicht einfach ungefiltert ausagieren«, denken Sie jetzt vielleicht. Grundsätzlich stimmt das. Allerdings: Es stehen Kindern ja (noch) keine Verarbeitungsmöglichkeiten für ihre »negativen« Gefühle zur Verfügung. Deshalb fallen sie in eine Art »Notfallprogramm«, die ungefilterte Aggression, zurück. Sie können in ihrer Hilflosigkeit (noch) nicht auf andere, hilfreiche Strategien zugreifen. Diese können sie nur mit uns in einem wertschätzenden Prozess erlernen. Das stellt – zugegeben – eine Herausforderung für Eltern dar.

WIE KÖNNEN WIR GUT UND VERANTWORTUNGSVOLL REAGIEREN?

Kinder senden mit aggressivem Verhalten folgende Botschaften, die wir als Erwachsene wahrnehmen und verstehen sollten:

- Mit mir und/oder an dieser Situation und/oder in meiner Umgebung stimmt etwas nicht.
- Ich weiß nicht, was es ist, und zudem habe ich keine Wörter dafür.
- So bitte ich dich: Wende dich mir zu, frag mich, was mich so wütend macht, erforsche mit mir die Ursachen und hilf mir.

Die Bewertung des aggressiven Verhaltens durch uns Erwachsene (»Das ist böse!«) und die Bevormundung (»Das darfst du nicht tun!«) sind für das Kind nicht hilfreich, denn diese elterlichen Verhaltensweisen bergen keine neuen, konstruktiven Bewältigungsstrategien hinsichtlich der starken Gefühle.

Wie könnte nun Benjamins Mutter gut reagieren? Sie könnte sich ihrem Sohn (auch im Nachhinein!) auf andere Weise zuwenden und ihre Liebe zu ihm auch bei diesem Konflikt in liebevolles Handeln übersetzen. Sie könnte ihn zum Beispiel fragen:

- »Was ist mit dir los? Was ist passiert?«
- »Was macht dich so wütend?«
- »Was brauchst du von mir?«
- »Gibt es etwas, was ich tun kann?«

Sie könnte erkennen, dass das aggressive Verhalten ihres Sohnes Ausdruck eines emotionalen Bedürfnisses ist (zum Beispiel, dass auch sein Anliegen bei dem Streit gesehen wird). Sie könnte sich fragend einfühlen (»Hast du dich geärgert, weil der Junge nicht auf dich gehört hat?«) und schließlich in einem wertschätzenden Kontakt gemeinsam mit Benjamin Handlungsalternativen entwickeln (»Das kann ich verstehen. Es würde mich auch wütend machen. Hast du eine Idee, was wir tun können?«).

Nur wenn wir in dieser Form mit unseren Kindern umgehen, können diese konstruktive Konfliktbewältigungsmuster entwickeln.

Wenn wir hingegen das unerwünschte Verhalten einfach untersagen, können Kinder keine sinnvolle Entwicklungserfahrung machen, weil sie keine anderen Strategien als nur die Unterdrückung des Verhaltens an die Hand bekommen. Und sie können keine Handlungsalternativen entwickeln, bei denen die Grenzen des anderen geachtet werden. Es ist unsere Aufgabe als Erwachsene, unsere Kinder auch hier verantwortungsvoll zu begleiten und sie wertschätzend zu führen. Es geht also darum, negative Gefühle erst einmal anzuerkennen, das dahinterliegende Bedürfnis zu ergründen und dann einen angemessenen Ausdruck für das Gefühl zu entwickeln.

AGGRESSION OHNE KONFLIKT

Was aber, wenn wir die Ursache für aggressives Verhalten nicht aus der Situation heraus ergründen können und/oder es gar keinen offensichtlichen Konflikt gibt? Eine Mutter sucht Rat:

Unsere kleine Maus (drei Jahre und drei Monate) teilt im Moment wieder heftig aus, und das ohne ersichtlichen Grund. Schon zur Begrüßung geht sie einfach auf die Kinder zu, kratzt sie oder zieht sie an den Haaren. Einfach so! Ich weiß ja, dass das Verhalten vermutlich zur normalen Entwicklung gehört. Ich brauche aber konkrete Hinweise, was ich in diesen Momenten tun kann. Mir ist ihr Verhalten unangenehm und peinlich. Zum einen wegen der anderen Kinder, die mir wirklich leid tun. Zum anderen fühlt es sich auch für mich und meinen Mann nicht gut an. Wir fühlen uns verantwortlich und haben schon viel probiert. Von Erklärungen bis Schimpfen ist alles dabei. Ich traue mich schon gar nicht mehr auf den Spielplatz oder Verabredungen einzugehen, weil ich nicht weiß, wie ich damit umgehen soll.

In solchen Fällen ist davon auszugehen, dass Kinder sich grundsätzlich und dauerhaft nicht ausreichend mit ihren Anliegen und als Persönlichkeit geachtet und wertgeschätzt fühlen. Dadurch sind sie besonders unsicher und drücken dies dann über aggressives Verhalten aus. Auch hier ist es wichtig, das Kind wertschätzend, verständnis- und verantwortungsvoll zu begleiten. Wenn Ihr Kind über längere Zeit – anscheinend grundlos – aggressiv ist, können Sie konkret Folgendes tun:

1. Bewusste Auswahl von Orten

Nehmen Sie Druck raus! Schaffen Sie zum Spielen einen Rahmen, der genügend Raum für das Kind bietet, den anderen auch aus dem Weg zu gehen! Also eher keine Verabredungen in engen Wohnungen oder auf einem überfüllten und unübersichtlichen Spielplatz.

2. Unterstützen und gleichzeitig schützen

Ihr Kind ist schnell überfordert und im Stress? Seien Sie also besonders achtsam und vorausschauend: Bleiben Sie beim Spielen in Kontakt mit Ihrem Kind! Es braucht jemanden, der es jetzt mehr unterstützt und beruhigt und notfalls vermittelt – auch zum Schutz von anderen Kindern.

3. Wenn es doch passiert ist: Situation unterbrechen!

Wenn es passiert ist, unterbrechen Sie die Situation schnell und trösten Sie beide (!) Kinder! Begegnen Sie auch Ihrem »aggressiven« Kind mit Empathie und fokussieren Sie nicht auf sein Verhalten! Fragen Sie nach, zum Beispiel: »Hattest du Angst um dein Spielzeug?«. Und: Entschuldigen Sie sich bei dem anderen Kind!

4. Offen mit der Situation umgehen

Oft reagieren andere Eltern mit heftigen Vorhaltungen. Versuchen Sie, ruhig zu bleiben! Übernehmen Sie Verantwortung für Ihr Kind, erklären Sie, dass Sie um die besondere Situation wissen und sich kümmern!

Und: Reflektieren Sie, sobald die Möglichkeit besteht, woher der Stress bei Ihrem Kind kommen könnte, der zu den aggressiven Handlungen führt! Steht es unter Druck? Erfährt es genügend Empathie und Anerkennung? Wo können Sie (noch mehr) Sicherheit schaffen, wie einen Ausgleich herbeiführen? Ihr Kind fühlt sich unsicher, unpassend in der Gemeinschaft und drückt das über Aggression aus. Wenn Sie hier alleine nicht weiterkommen, holen Sie sich professionelle Hilfe!

MÜSSEN STRAFEN WIRKLICH SEIN?

Wenn sich alle einig sind, dann ist es nicht schwer, harmonisch miteinander zu leben. Schwierig wird es, wenn im Alltag unterschiedliche Vorstellungen aufeinanderprallen. Das ist in einer Familie unvermeidbar und es kommt zu Konflikten. Oft glauben wir, auch dann mit unseren Kindern wertschätzend umzugehen und Herkömmliches überwunden zu haben. Doch schnell fallen wir an genau diesen Stellen in ein strafendes Muster zurück.

Die sechsjährige Lea soll ihr Zimmer aufräumen. Ihre Mutter hat sie schon zweimal ermahnt, nun endlich anzufangen. Zunächst beginnt Lea mit Elan und räumt einige Dinge vom Fußboden in die Regale. Zunehmend lässt sie sich jedoch ablenken. Sie legt sich auf den Bauch und beginnt ein neues Spiel, in das sie ganz vertieft ist, als ihre Mutter wieder ins Zimmer kommt. Diese reagiert prompt: »Lea, warum räumst du nicht auf? Warum hältst du dich nicht an unsere Vereinbarung?« – »Ich hab doch schon, aber dann … Ich hab nur noch kurz gespielt, Mama!«, versucht Lea sich zu erklären. »Das ist mir jetzt wirklich egal, Lea! Wenn du dich nicht an unsere Abmachung hältst, dann musst du auch die Konsequenzen tragen.« Leas Mutter beginnt nun selbst aufzuräumen und wirft ärgerlich die Bausteine in den dazugehörigen Kasten. »Es reicht jetzt wirklich«, sagt sie, »wenn man etwas vereinbart, dann muss man sich auch dran halten. Das musst du lernen. Du hast dich nicht daran gehalten, deshalb ist die Konsequenz, dass es heute Abend kein Fernsehen mehr gibt, und morgen bleibst du auch zu Hause – die Spielzeit mit deiner Freundin ist gestrichen.« Lea beginnt zu weinen und wirft sich auf den Boden. Die Mutter räumt zu Ende auf und verlässt das Zimmer. Lea bleibt schluchzend zurück.

Was ist passiert? Leas Mutter ist wütend, weil ihre Tochter nicht das tut, was sie von ihr verlangt. Aus ihrer Wut heraus verhängt die Mutter eine Strafe: Sie nimmt Lea weg, was ihr lieb und teuer ist (Fernsehzeit, Spielzeit mit der Freundin). Lea empfängt in dieser Situation durch die Strafe folgende abwertende Botschaften:

- Ich bin es nicht wert, gehört zu werden, nicht okay, so wie ich bin.
- Meine Bedürfnisse und Anliegen sind nichts wert.
- Ich werde kleingemacht, bin hilflos und schwach.

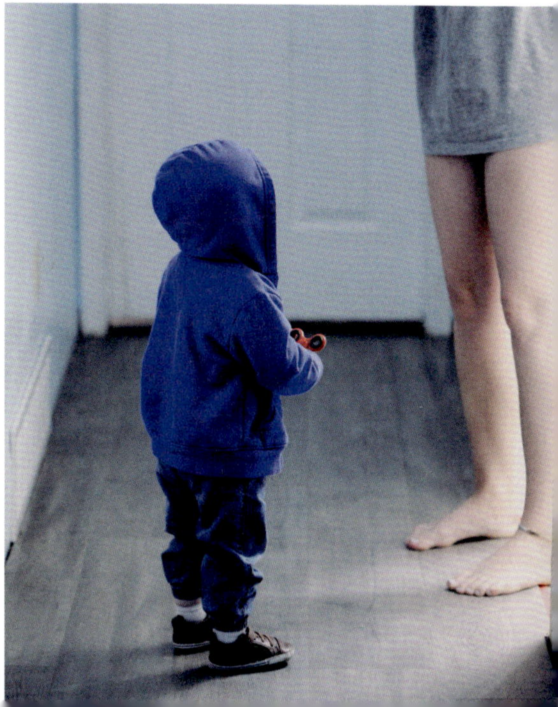

Darüber hinaus erfährt Lea, dass ihre Mutter sich machtvoll durchsetzt, was die Beziehung zwischen Mutter und Tochter belastet:

- Meine Mutter hat das Sagen, und wenn ich nicht mache, was sie will, kann es für mich schmerzhaft werden.
- Ich kann kein Vertrauen entwickeln, sondern muss auf der Hut sein.

Viele Eltern, die Hilfe bei der Erziehung suchen, haben keine Alternativen für den Umgang mit Konfliktsituationen. Sie glauben, dass Strafen sein müssen und zum Elternsein einfach dazugehören.

WAS STRAFEN UND KONSEQUENZEN BEWIRKEN

Da Strafen heutzutage oft weniger drastisch ausfallen, sprechen wir gerne von Konsequenzen. Die Wirkung ist allerdings dieselbe. Wenn uns klar ist, welche Mechanismen dahinter stecken, können wir überlegen, ob wir so die Beziehung zu den Kindern gestalten oder einen wertschätzenden Umgang mit ihnen finden wollen. Strafen zu verhängen bedeutet

- elterliche MACHT zu DEMONSTRIEREN und MISSBRAUCHEN,
- DEMÜTIGUNG für das Kind – es wird EINGESCHÜCHTERT,
- eine konstruktive Auseinandersetzung zu verhindern – der eigentliche KONFLIKT bleibt UNGELÖST und besteht weiterhin,
- dem Kind ANGST zu machen.

Eine von Liebe und Vertrauen geprägte Beziehung kann so nicht entstehen. Denn wenn Eltern auf Konflikte mit Konsequenzen reagieren, machen sie ihr Kind HILFLOS und OHNMÄCHTIG. Es lernt dann: Der Stärkere hat recht, es ist also besser, der Starke zu sein, als gedemütigt zu werden. Das Kind verhält sich in anderen Beziehungen dann nach diesem Vorbild. Auch entsteht so ein fataler Kreislauf: Alle geben das, was sie selbst erfahren haben, an die jeweils nächste Generation weiter. Nur Erwachsene können diese Spirale unterbrechen!

Die Abwertung »funktioniert« deshalb, weil Kinder von uns Erwachsenen abhängig sind, insgesamt natürlich, vor allem aber in emotionaler Hinsicht. Sie lieben uns und deshalb können wir eine »Erziehungslüge« aufrechterhalten: »Wenn ich dir wehtue, geschieht es zu deinem Besten!« Kinder lernen außerdem, dass Liebe und Abwertung miteinander vereinbar sind, also: Die, die wir lieben, werten wir gleichzeitig auch ab. Um die mit der Abwertung einhergehende Demütigung auszuhalten, schalten Kinder mit der Zeit dann einen Teil ihres Gefühlszentrums im Gehirn quasi aus. Sie registrieren auf Dauer die DEMÜTIGUNG nicht mehr als Schmerz. Sie büßen so allerdings gleichzeitig einen Teil ihrer Fähigkeit ein, überhaupt Gefühle zu entwickeln. Schmerz bei sich und auch bei anderen können sie dann nicht mehr fühlen und sie werden Schwierigkeiten haben, EMPATHIE zu entwickeln und einfühlsam mit anderen Menschen umzugehen und Konflikte gemeinsam und konstruktiv zu lösen. Durch Abwertungserfahrungen wird außerdem das Urvertrauen des Kindes beschädigt, denn es erlebt elterliche Stärke nicht als Geborgenheit und Schutz, sondern als ANGRIFF auf seine Persönlichkeit, im schlimmsten Fall sogar als Bedrohung. Es wird künftig deshalb mit Angst oder Gegenangriff in Konfliktsituationen reagieren.

STRAFEN SOLLEN DAS VERHALTEN ANPASSEN

Leas Mutter war zunächst freundlich, beim zweiten Mal ist sie dann etwas vehementer geworden und hat so probiert, ihre Tochter zum Aufräumen zu bewegen. Lea hat sich trotzdem nicht so verhalten, wie die Mutter es gewünscht hat. So entsteht bei dieser der Eindruck, dass ihr elterliches Interesse nicht anders durchgesetzt werden kann als durch Sanktionen. Eine Strafe muss also her. Aber warum eigentlich? Warum strafen wir Kinder? Nicht zuletzt, weil von Erziehungsexperten immer wieder beharrlich die These vertreten wird, dass es ohne Strafe nun mal nicht ginge. So findet man im Internet »Weisheiten« wie die folgende: »Kinder testen immer wieder ihre Grenzen bis zu einer Strafe aus und möchten die Welt nach ihren Vorstellungen gestalten. Gelingt ihnen das nicht, reagieren sie je nach Temperament mit Wutanfällen, die eine sinnvolle Strafe als Folge haben sollten.« Das ist nur ein Beispiel von vielen für den Ratschlag, Konflikte mit Kindern über das Verhängen von Strafen oder Konsequenzen zu regeln. Das Fazit dieser Expertenmeinung lautet kurz und knapp: »Ohne Strafe geht es nicht!« Und die Botschaft zwischen den Zeilen: »Wenn Sie, liebe Eltern, Ihr Kind nicht bestrafen, wird nichts aus ihm!« Das wirkt. Denn natürlich wollen wir Eltern uns nicht vorwerfen lassen, dass wir unsere Kinder schlecht erziehen.

Kein Wunder also, dass sich Strafen und Konsequenzen als Konfliktlösestrategie hartnäckig im Erziehungsrepertoire von Eltern halten. Um es vorwegzunehmen: Es stimmt natürlich nicht, dass wir Konsequenzen benötigen und keine andere Wahl hätten. ES GEHT AUCH OHNE STRAFEN! Wir können wertschätzend und liebevoll mit unseren Kindern umgehen und Konflikte konstruktiv lösen. Wir müssen unsere Kinder nicht abwerten und kränken.

Die Wirkungsweisen von Strafen und Konsequenzen sind dieselben. Die Konsequenz reden wir uns manchmal schön, indem wir von »liebevoller« oder »logischer« Konsequenz sprechen und damit so tun, als sei diese eine natürliche Folge des kindlichen Handelns. Wenn jedoch ein Kind sein Zimmer nicht aufräumt, dann ist die NATÜRLICHE FOLGE erst mal schlicht die, dass das Zimmer unaufgeräumt ist, nicht, dass das Kind nicht fernsehen darf. Oder: Wenn ein Kind trotz elterlicher Warnung im Winter ohne Jacke das Haus verlässt, wird es frieren; das ist die natürliche Folge. Wenn es dann – weil es sich dem elterlichen Willen widersetzt hat – deshalb nicht mehr raus darf, ist das eine Konsequenz, die Eltern aktiv herbeiführen, und somit schlicht und einfach eine Strafe.

WARUM WIR KINDER NICHT STRAFEN SOLLTEN!

Während Konsequenzen in diesem Sinne unseren Wert als Menschen infrage stellen, ist Frieren zwar unangenehm, wertet uns jedoch als Menschen nicht ab. Wenn Ihr Kind eine für Sie als Eltern absehbare Folge seines Verhaltens tragen muss, können Sie sich wertschätzend an seine Seite stellen und es bei dieser Erfahrung verantwortungsvoll begleiten: Ein frierendes Kind braucht Wärme und Schutz von seinen Eltern, auch Verständnis und Trost, also eine positive Beziehungserfahrung, keine Bestrafung.

Strafen zeigen oft kurzfristigen (vermeintlichen) Erfolg – weil Kinder sich aus Angst den Wünschen der Eltern anpassen. Letztlich jedoch sind sie das Tor zum Machtkampf. Sie verschärfen negative Einstellungen und die Beziehung zwischen Eltern und Kindern wird belastet. Und das bedeutet: Strafen und Konsequenzen dienen langfristig nicht der Verbesserung des »störenden Verhaltens«, es beginnt ein Machtkampf, den wir nur bis zur PUBERTÄT gewinnen können. Spätestens dann werden die Auseinandersetzungen eskalieren. Elterliche Machtausübung bringt uns nicht mehr weiter, denn die Kinder werden sich nun den Strafmaßnahmen widersetzen und rebellieren. Was passiert, wenn wir unseren Kindern mit Strafen und Konsequenzen begegnen? Das Urvertrauen wird gestört und Angst wird produziert – keine guten Voraussetzungen dafür, dass Kinder selbstbewusst, vertrauensvoll und sicher durchs Leben gehen. Strafende Erziehungsmaßnahmen haben aber auch auf der emotionalen und sozialen Ebene Folgen:
Sie

- ZERSTÖREN das MITGEFÜHL und die SENSIBILITÄT für andere und für sich selbst. Desensibilisierung ist die Folge.
- ZERSTÖREN auf längere Sicht die Fähigkeit, sich einzufühlen sowie EMPATHIE zu entwickeln.
- produzieren ÄRGER und WUT beim Kind und den Wunsch nach »RACHE«. Das Rachegefühl staut sich zunächst auf und kann vorläufig noch unterdrückt werden. Es kann sich dann aber gegenüber Geschwistern oder auch anderen Personen

entladen. Oft finden diese unterdrückten Wutgefühle erst im Erwachsenenalter ihren destruktiven Ausdruck – dann aber ziemlich heftig.

- BEEINTRÄCHTIGEN die Entwicklung von EMOTIONEN. Denn Kinder haben so nur eingeschränkte Möglichkeiten, das ganze Spektrum von Gefühlen kennenzulernen und einen Umgang damit zu etablieren. Das eigene Empfinden wird durch unterdrückte Gefühle wie Ärger und Wut irritiert.

Da wir heute wissen, welch große Bedeutung die emotionale Entwicklung von Kindern hat und wie wichtig es ist, gut und ausgiebig Erfahrungen mit den eigenen Gefühlen zu machen, sind die genannten Aspekte besonders schwerwiegende Argumente dafür, Konflikte wertschätzend und konstruktiv zu lösen und den strafenden Umgang und das Sanktionieren zur Seite zu stellen. Oder wollen wir unseren Kindern vorleben, dass Konflikte nach dem Motto gelöst werden: der Stärkere gewinnt, weil er dem anderen drohen, ihn kränken und abwerten kann? Unsere Kinder brauchen uns als wertschätzende Vorbilder, um selbstbewusste und konfliktfähige Menschen zu werden. Die gute Nachricht: Es geht! Wir können heute neue Handlungsalternativen ausprobieren.

LIEBEVOLL NEIN SAGEN

Wie aber können wir es nun anders machen? Was ist die Alternative zu strafender Erziehung und wie können wir unsere Liebe und Wertschätzung in die Beziehung zum Kind einbringen, auch dann – oder besser: gerade dann –, wenn es um Konflikte geht?

Wir dürfen und können als Eltern durchaus liebevoll Nein sagen und dabei die Grenzen der Kinder respektieren. Und wir brauchen keine Angst vor Konflikten zu haben! Wir können eine Leichtigkeit entwickeln und mit der Zeit verstehen, dass Konflikte sogar fruchtbar sind.

ELTERN SIND KEINE POLIZISTEN UND RICHTER

Die Familie als sicherer Ort ist eine wesentliche Voraussetzung dafür, dass Kinder sich auf allen Ebenen gut entwickeln. Er ist geprägt von Liebe, Geborgenheit und Verständnis, deshalb ist Familie nicht vergleichbar mit einem »Verkehrsübungsplatz«, wo es Verbotsschilder, Anweisungen, Regeln und Sanktionen bei Verstößen gibt. Das heißt, Eltern sind keine Polizisten.

Das Familienleben lässt sich nicht wie der Straßenverkehr über einen Regelkatalog und durch die Ahndung von Grenzüberschreitungen und Regelbrüchen steuern. Ein Gefühl der Sicherheit und Geborgenheit wird sich bei einer solchen Form von Grenzsetzung nicht einstellen: Sobald eine Regel übertreten, eine Grenze verletzt ist, fungieren die Erwachsenen dann als Gesetzeshüter und Richter gleichzeitig (Machtkonzentration). Sie benennen die verletzte Regel, sprechen das Urteil und »vollstrecken« die Strafe. So entsteht keine gleichwertige Beziehung – im Gegenteil: Sie wird belastet, unpersönlich und sachlich, wie in einem anonymen Staatsapparat.

In der Familie jedoch sind die Beziehungen nah und warm. Es geht darum, sich auszutauschen, miteinander zu lachen, und auch darum, Konflikte zu lösen. Es geht darum, sich zuzuhören, zu verstehen, was der andere denkt, wie sich alle Beteiligten fühlen und welche Bedürfnisse jeder in dieser Gemeinschaft hat. Die Frage ist also: Wie können wir in diesem Sinne Auseinandersetzungen begegnen und Konflikte lösen? Hierfür ist es wesentlich, sich als Vater oder Mutter mit seinen eigenen Grenzen zu zeigen und sich klar zu werden: Was möchte ich und was nicht? Schauen wir dazu noch einmal auf das Beispiel von Lea und ihrer Mutter.

Leas Mutter wollte nicht mehr strafen oder Konsequenzen verhängen. Sie suchte ganz bewusst nach anderen Wegen und Antworten auf ihre Fragen: Was genau ärgert sie daran, wenn ihre sechsjährige Tochter das eigene Zimmer nicht aufräumt? Wie viel Eigenverantwortung gesteht sie Lea zu? Es ist ja Leas Zimmer und so auch ihr eigener Bereich, wie sehr kann die Mutter das respektieren? Was bedeutet ihr Ordnung? Und: Kann sie sich vorstellen, mit Lea im Nachhinein anders Kontakt aufzunehmen, ihre Sicht auf die Dinge liebevoll deutlich zu machen, ihre Gefühle zu zeigen und darauf zu vertrauen, dass Lea mit ihr gemeinsam nach Lösungen suchen wird? Ihre Antworten darauf hat Leas Mutter dann so umgesetzt:

Die Mutter kommt in Leas Zimmer und sagt zu ihrer Tochter: »Lea, ich würde dich gerne auf einen Kakao in der Küche einladen und mit dir über das Thema Aufräumen sprechen.« Lea reagiert überrascht: »Oh, das haben wir noch nie gemacht! Jetzt gleich?« – »Ja, gerne«, antwortet die Mutter. Die beiden gehen in die Küche und setzen sie sich an den Küchentisch.

Mutter: »Weißt du, neulich unser Streit mit dem Aufräumen … Das hat mich nachdenklich gemacht. Wir streiten uns darüber so oft. Der Tag ist eigentlich immer schön und dann, wenn es ans Aufräumen geht, streiten wir uns. Das tut mir leid und ich möchte das nicht mehr.«

Lea: »Ja, stimmt! Ich find das auch blöd.«

Mutter (lächelt): »Gut. Mir ist wichtig, dass wir beide uns an Verabredungen halten können und auch die Ordnung in deinem Zimmer ist mir wichtig. Also, wollen wir mal überlegen, wie es anders gehen kann?«

(Lea nickt mit dem Kopf.)

Mutter: »Ich möchte gerne wissen, warum wir so darüber streiten, und es dir so schwerfällt, in deinem Zimmer Ordnung zu halten.«

Lea: »Eine Frage, Mama: Warum willst du unbedingt, dass ich aufräume? Und warum muss ich immer so aufräumen, wie du es willst? Das eine in die rote, das andere in die blaue Kiste … Da finde ich das nie wieder!

Mutter: »Na ja … Ordnung ist mir wichtig. Ich mag es, wenn alles an seinem Platz ist. Ich bin einfach ein ordentlicher Mensch.«

Lea: »Das versteh ich – aber das ist doch mein Zimmer! Ich spiele da doch nur. Und ich glaube, ich bin auch ordentlich, aber irgendwie anders. Stimmt' s, Mama, ich weiß immer, wo alles ist.«

Mutter (lächelt): »Ja, das stimmt. Weißt du, es ist auch so … Abends muss ich über alle Spielsachen drüber steigen, ich stolpere oder tue mir auch an den Füßen weh … und dann …«

Lea: »… Ach soo, ja, da hab ich eine Idee: Ich kann dir einfach einen kleinen Weg zum Bett frei räumen über den du laufen kannst. Dann muss ich nicht alles aufräumen und du kannst trotzdem zum Bett kommen.«

Mutter (lacht): »… Ähm, ja, also … Das ist eine interessante Idee. Ich weiß nicht, ob es eine Lösung ist. Ich merke, dass mir Ordnung – auch in deinem Zimmer – einfach wichtig ist.«

Sie merken schon: Die beiden sind im Gespräch, in einem regen Austausch. Leas Mutter hat ihre Position liebevoll deutlich gemacht, hat aber gleichzeitig auch ihrer Tochter zugehört und ist offen für Leas Gedanken. So tauschen sie sich zunächst nur aus und sprechen darüber, was sie beide denken und fühlen, was jeder von ihnen wichtig ist und warum. Sie sind offen füreinander und versuchen dann im zweiten Schritt, gemeinsam Lösungen zu finden, die für alle Seiten annehmbar sind.

WARUM WIR SO SCHWER NEIN SAGEN KÖNNEN

Um als Mutter oder Vater unsere Position vertreten zu können, ist es nötig, dass wir uns entsprechend äußern. Das heißt, dass wir auch Nein sagen können und eine mögliche Auseinandersetzung nicht scheuen. Viele Missverständnisse und Konflikte in Familien entstehen, weil Eltern, wenn sie Ja sagen, eigentlich Nein meinen.

Die zehnjährige Lilly möchte bei ihrer Ballettfreundin Lisa übernachten, die gerade bei ihnen zu Besuch ist. Die Mutter möchte es nicht, denn am nächsten Tag ist Schule. Trotzdem erlaubt sie es.

Lilly: »Darf ich bei Lisa übernachten?«

Mutter (zögert und denkt: »Eigentlich passt es nicht und ich will es nicht.« Sagt aber): »Mhmm … aber morgen ist Schule …«

Lilly: »Aber Lisas Mutter fährt mich.«

Mutter (denkt: »Ich will es eigentlich nicht, Lilly soll ausgeschlafen sein und nicht übermüdet in die Schule gehen.« Sie sagt aber): »Na ja, aber dann muss Lisas Mutter extra den Umweg zu deiner Schule fahren.«

Lisa (schaltet sich ein): »Meine Mama hat gesagt, sie macht das gerne und es passt von der Zeit her.«

Mutter (zögert wieder): »Also eigentlich will ich es nicht …«

Lisa und Lilly: »Och bitte, bitte.«

Mutter (will es eigentlich weiterhin nicht, gibt aber erschöpft auf): »Na gut, meinetwegen, übernachte bei Lisa.«

Am nächsten Tag kommt Lilly total übermüdet und schlecht gelaunt nach Hause. Es gibt einen riesigen Streit um die Hausaufgaben und Lillys Mutter schimpft schließlich: »Siehst du, ich wollte nicht, dass du mitten in der Woche in dem ganzen Schulstress bei Lisa übernachtest. Aber du wolltest ja unbedingt. Ich wusste schon, warum!«

VERANTWORTUNG NICHT ABWÄLZEN

Lillys Mutter hatte hier einen klaren inneren Impuls, als es um die Frage nach der Übernachtung ging. Sie folgt diesem jedoch nicht und sagte Ja, obwohl sie Nein spürte und meinte. So hat sie keinen klaren STANDPUNKT bezogen, den sie als Mutter jedoch haben darf. Denn nur so wird sie mit ihren Anliegen für ihre Tochter sichtbar. Auch lernt Lilly so, dass man unterschiedliche Ansichten vertreten darf. Was hier noch passiert ist: Die Mutter schiebt nachträglich Lilly die Verantwortung für ihre eigene elterliche Entscheidung und die entstandene Situation zu: »Aber du wolltest ja unbedingt.« Es ist jedoch unsere Aufgabe als Eltern, eine klare Position einzunehmen, diese im wertschätzenden Dialog deutlich zu machen und die Verantwortung für unsere Entscheidungen zu übernehmen.

KONFLIKTE MIT WERTSCHÄTZUNG AUSTRAGEN

Ein Nein kann immer Frust bei Kindern auslösen, dessen sollten wir uns bewusst sein. Insbesondere, wenn wir im Familienalltag zeitweise mit unkommentierten Neins kommunizieren. Das passiert – ist jedoch in hohem Maße zusätzlich frustrierend.

Stellen Sie sich vor, Sie bekommen von Ihrem Vorgesetzten auf jede Kontaktaufnahme hin ein Nein zu hören! Haben Sie also im Hinterkopf, wie es Ihnen selbst gehen würde, wenn jemand ständig zu Ihnen Nein sagt, und versuchen Sie, Sätze zu formulieren, die das Nein als Botschaft enthalten und gleichzeitig auch Wertschätzung für das Anliegen des Kindes transportieren:

- »Ich möchte es jetzt nicht! Erst nach dem Essen!«
- »Das geht nicht, es tut mir leid – ich weiß, dass es dir wichtig ist.«

Der Vorteil hierbei ist, dass Sie nicht nur ein Verbot aussprechen, sondern auch Stellung beziehen. Wir müssen Kindern gegenüber unserem Standpunkt nicht Nachdruck verleihen, indem wir sie kritisieren, abwerten und maßregeln. Sie verstehen nämlich sehr schnell, ob wir etwas gut oder weniger gut finden. Wir merken das nur nicht immer sofort, denn sie geben uns keine entsprechende Rückmeldung und sagen nicht: »Danke, liebe Mama, ich bin froh, dass du mich darauf hingewiesen hast.«

Grenzüberschreitungen lassen sich nicht immer vermeiden, denn Menschen haben unterschiedliche persönliche Grenzen, die sich durch individuelle Eigenarten und Befindlichkeiten zeigen. So ist es wichtig, dass wir einander gut kennenlernen, um auch die Grenzen des anderen zu kennen.

Ähnlich, wie wir unseren Partner kennenlernen, dürfen wir auch unsere Kinder kennenlernen. Das betrifft einerseits ihre Charakterzüge – ob sie beispielsweise schüchtern oder forsch sind, mutig oder eher ängstlich – und andererseits die Frage, was ihnen besonders wichtig ist. Wir können auch als Eltern bewusst darauf achten, Demütigungen und Abwertungen nicht ABSICHTLICH und wissentlich herbeizuführen und die Grenzen des Kindes nicht zu verletzen. Doch im Familienalltag passiert es manchmal – wie im Beispiel von Leas Mutter –, dass wir den Kindern in unserer Wut genau das »wegnehmen«, was ihnen lieb und teuer ist, etwa die Fernsehzeit und das Treffen mit den Freundinnen. Und das bedeutet Abwertung, denn wir sagen damit: Ich bin mehr wert als du! Und: Du bist es nicht wert, Freude zu erleben! Wir wissen sehr genau, dass den Kindern bestimmte Dinge wichtig sind, und wollen sie bewusst treffen. Anstatt ihnen mit Wertschätzung zu begegnen, demonstrieren wir unsere Macht, demütigen und kränken sie. Wie jedoch das Beispiel von Lea und ihrer Mutter ebenfalls zeigt, ist das nicht nötig. Wir können mit unseren Kindern auch bei Meinungsverschiedenheiten wertschätzend umgehen.

KONFLIKTE ALS ENTWICKLUNGSMOTOR

Wir wünschen uns alle ein möglichst harmonisches Familienleben. Wenn Menschen zusammenleben, sind jedoch Konflikte gar nicht auszuschließen. Sie gehören dazu, und die Frage ist nicht, wie wir Streit vermeiden können, sondern wie wir eine Streitkultur entwickeln und Konflikte miteinander konstruktiv und wertschätzend lösen können.

Konflikte sind dann anstrengend, wenn wir versuchen, sie über

- Strafen,
- Belohnung,
- Verhöre und
- Vorwürfe anzugehen.

Denn wir lassen so die Ursachen eines Konflikts außer Acht – mit der Folge, dass sich dieser eben nicht löst, sondern verfestigt. Je mehr er sich verfestigt hat, desto schwieriger ist es, ihn zu lösen. Es gilt also, der Ursache auf den Grund zu gehen, den Streit an der Wurzel anzupacken, anstatt an der Oberfläche – dem Verhalten der Kinder – anzusetzen. Dann lassen sich auch viel leichter Lösungen finden. Und: Alle Familienmitglieder – Eltern wie Kinder – können so am Konflikt wachsen, ihre Persönlichkeit weiterentwickeln.

Wie aber entsteht eigentlich ein Konflikt? Er entsteht immer dann, wenn unterschiedliche beziehungsweise gegensätzliche Bedürfnisse auftreten und abgeglichen werden müssen. In der Familie passiert das häufig zwischen Eltern und Kindern, oft auch unter Geschwistern.

Die Bedürfnisse aller Beteiligten zu berücksichtigen bedeutet gleichzeitig, wertschätzend miteinander umzugehen. Als Eltern sind wir hier Vorbilder: Wenn wir wollen, dass unsere Kinder andere Menschen respektieren und mit ihnen wertschätzend umgehen, dann ist es wichtig, dass sie mit uns die Erfahrung machen, dass man Konflikte konstruktiv lösen kann. Das heißt, ihre Grenzen nicht zu übertreten, sondern diese jederzeit zu wahren und zu achten.

KONFLIKTE SIND NICHT VERWERFLICH

Häufig werden Konflikte als etwas Negatives wahrgenommen, fast als sei es eine Schande, dass diese Konflikte überhaupt entstehen und Eltern nicht in der Lage sind, sie zu vermeiden. Im Zusammenleben von Menschen gibt es jedoch immer Konflikte. Sie gehören zum Leben dazu. Die Frage ist also, wie wir sie konstruktiv und wertschätzend lösen können.

Wenn es im Alltag Streit und Auseinandersetzungen mit unseren Kindern gibt, reagieren wir meist hilflos und sind erleichtert, wenn wir den Konflikt dann irgendwie »überstanden« haben. Manchmal sitzen wir ihn auch einfach aus und warten, bis sich alles wieder beruhigt hat – bis zum nächsten Streit. Wer sich darüber bewusst wird, dass Konflikte nichts Verwerfliches sind, sondern sie als Chance begreift, an der Kinder (und wir) wachsen können, für den erübrigen sich Schamgefühle und Hilflosigkeit. Sie können also in einem ersten Schritt erst einmal Ihre Einstellung zu Konflikten überdenken und gegebenenfalls ändern. Diese Fragen helfen Ihnen dabei.

- Was bedeutet ein Konflikt für mich?
- Verbinde ich damit etwas Negatives?
- Inwiefern beeinflusst meine Einstellung meinen Umgang mit Konflikten? Wie reagiere ich insgesamt auf Konflikte?
- Kann ich in einem Konflikt auch eine positive Kraft sehen?

Tatsächlich gibt es viele POSITIVE ASPEKTE, wenn wir bereit sind, Konflikte konstruktiv zu bewältigen. Sie

- fördern Selbstbeobachtung und -erkenntnis,
- lassen familiäre Gesamtzusammenhänge erkennen,
- stärken Vertrauen und Zusammenhalt innerhalb der Familie,
- bringen die Bedürfnisse der einzelnen Familienmitglieder ans Licht,
- fördern eine selbstbewusste Persönlichkeit bei allen Beteiligten,
- schulen die Konfliktfähigkeit bei allen Beteiligten.

Gehen Sie es also an!

FAMILIENSTREIT IM ALLTAG

In Familien gibt es einmalig auftretende Konflikte in außergewöhnlichen Situationen. Etwa wenn das Kind zu einem Geburtstag eingeladen ist und nach der Feier noch bei diesem Freund übernachten will. »Nein!« sagen die Eltern. »Ich will aber!«, das Kind. »Nein!« – »Doch!« – »Nein!« – »Doch!« … Häufiger (und zermürbender) sind jedoch die immer wiederkehrenden, ja beinahe alltäglichen Konflikte.

Lisas Vater ist genervt. »Lisa, es gibt gleich Essen, kommst du bitte und räumst dann auch deine Spielsachen aus dem Wohnzimmer?« Der Vater sagt diesen Satz jeden Abend vor dem Essen und er kennt auch schon die Antwort und weiß, dass das Geschrei gleich groß sein wird. »Gleich«, murmelt Lisa (sechs Jahre) und spielt weiter. Der Vater wird ungeduldig und laut und es kommt zum Streit – wie erwartet. Der Vater räumt schließlich ärgerlich selbst die Spielsachen zur Seite. Lisa tobt und verweigert sich noch mehr: Sie rennt in ihr Zimmer, weint und kommt erst unter gutem Zureden der Mutter wieder heraus zum Aufräumen. Schließlich sitzen doch alle am Abendbrottisch: »Jeden Abend das Gleiche«, schimpft Lisas Vater. »Du weißt doch, dass wir um diese

Zeit essen. Muss denn das sein? Jedes Mal so ein Theater!« Lisa schaut stumm und frustriert auf ihren Teller. »Jetzt wollen wir aber wieder gut sein miteinander«, schaltet sich Lisas Mutter erneut ein. Vater und Tochter schauen sich an. Der Konflikt ist erst mal überstanden – bis zum nächsten Abendessen.

Lisas Vater agiert hier rein auf der Ebene des Verhaltens. Dass hinter Lisas Verhalten ein emotionales Bedürfnis steckt (das Bedürfnis nach liebevoller Zuwendung vonseiten des Vaters), bleibt unbeachtet. Und auch die Gefühle des Mädchens, die sich aus der Missachtung seines Bedürfnisses ergeben (zum Beispiel Wut und Enttäuschung), berücksichtigt er nicht. Das heißt, die eigentliche Ursache des Konflikts wird nicht geklärt und das Kind bleibt mit seinen Bedürfnissen und Gefühlen alleine. Da hilft es auch nicht, wenn Vater und Tochter an der Oberfläche wieder »gut miteinander« sind.

Bleiben jedoch wesentliche emotionale Bedürfnisse eines Kindes (etwa das Bedürfnis nach Nähe oder das nach Anerkennung) unbeantwortet, ergibt sich unter Umständen langfristig ein gravierender Mangel auf EMOTIONALER EBENE. Auseinandersetzungen häufen sich dann und/oder gewinnen an Intensität. Es ist also wesentlich im Rahmen von Konflikten, auch – oder besser: vor allem – die emotionale Ebene zu berücksichtigen und Reaktionen der Kinder als entsprechende Signale zu lesen.

Wie könnte das im Fall von Lisa und der allabendlichen Konfliktsituation aussehen? Statt einfach jeden Tag aufs Neue »zur Tagesordnung« überzugehen, könnte Lisas Vater den Dauerkonflikt nach dem Abendessen oder am nächsten Tag nach der Schule ansprechen.

Der Vater fragt nach dem Abendessen: »Lisa, ich würde gerne mit dir darüber sprechen, dass wir beide immer wieder in Streit geraten, wenn es Essen gibt. Wann können wir uns zusammensetzen?« Lisa schaut erstaunt auf. »Ich putze noch die Zähne und dann, ja?«, erklärt sie sich schnell bereit. Im Gespräch kommt heraus, dass Lisa gern mit ihrem Papa spielen würde, wenn er nach Hause kommt, dass Papa das auch gerne möchte, aber oft die Zeit dafür fehlt. Sie sprechen darüber, dass Lisa enttäuscht und wütend ist, und finden heraus: Papa ebenfalls. Und sie stellen fest, dass beide diesen Streit nicht wollen und traurig darüber sind. Im Verlauf des Gesprächs wird dann deutlich, dass Lisa manchmal mehr Zeit braucht, um noch zu Ende spielen zu können und dass der Vater am Abend müde und deshalb manchmal ungeduldig ist. Die beiden merken schließlich, wie gut es tut, sich zu sagen, was man denkt und fühlt, und nehmen sich fest in den Arm. Sie verständigen sich dann darauf, dass sie Zeiten für gemeinsames Spielen finden wollen, am Abend der Vater Lisa jedoch mit etwas zeitlichem Vorlauf daran erinnern darf, dass es gleich Zeit zum Aufräumen ist, und dass er auch versuchen wird, geduldiger zu bleiben. Und Lisa darf sagen, ob sie seine Hilfe benötigt oder alles alleine aufräumen kann.

Natürlich heißt das nun nicht, dass der Konflikt nie mehr auftreten wird. Durch die grundsätzliche NACHBEREITUNG, bei der sich Vater und Tochter darüber austauschen, warum es immer wieder zum Streit kommt, welche Bedürfnisse dahinter liegen und wie sich jeder damit fühlt, haben die beiden jedoch eine gute und intensive Beziehungserfahrung gemacht, sodass sie jetzt erst einmal tiefer miteinander verbunden sind. Auch haben sie so die nächste Aufräumsituation gemeinsam vorbereitet, damit es nicht mehr zum Streit kommen muss. Und: Lisa hat erfahren, dass sie für ihren Vater wichtig ist. So wichtig und wertvoll, dass er sich Zeit nimmt und mit ihr darüber spricht, wie sie es anders machen können. Die Atmosphäre eines solchen Gespräches ist WARM und NAH, beide sind offen füreinander und führen einen wertschätzenden Dialog: ein wunderbarer Wachstums- und Beziehungsmoment für beide!

STREIT UNTER GESCHWISTERN

Gerade, wenn es darum geht, Konflikte zu lösen, ist es wesentlich, die Gefühle eines Menschen (ob groß oder klein) zu beachten, ernst zu nehmen und zu verstehen. Das ist der Kern einer guten Eltern-Kind-Beziehung. Und es gilt natürlich auch, wenn Geschwister sich streiten. Dann benötigen alle Kinder Wertschätzung und Unterstützung.

Leon ist sieben, sein kleiner Bruder Felix vier Jahre alt. Plötzlich ist das Geschrei groß. Die Mutter kommt hinzu, geht zu dem Jüngeren, der heftig schluchzt, nimmt ihn in den Arm und fragt zu ihrem älteren Sohn gewandt: »Was hast du gemacht, Leon?«
Leon: »Felix hat mein Puzzle kaputt gemacht.«
Mutter: »Und was hast du gemacht?«
Leon: »Ich habe ihm gesagt, dass er aufhören soll, aber er hat einfach nicht aufgehört und mich dann auch noch gehauen.«
Mutter: »Und dann?«
Leon: »Hab ich ihm die Eisenbahn weggenommen und ihn geschubst.«
Mutter: »Felix ist kleiner als du! Wir wollen uns doch nicht wehtun!«
Leon (leise mit gesenktem Kopf): »Ja.«
Die Mutter nimmt Leon die Eisenbahn weg und sagt: »Das war nicht in Ordnung, Leon, du weißt das!« Leon muss sich nun fünf Minuten lang auf einen Stuhl in seinem Zimmer setzen. Die Mutter beachtet ihn derweil kaum, sie beschäftigt sich mit Felix. Leon schaut traurig und wütend in ihre Richtung. Nach der »Auszeit« darf er den Stuhl verlassen. Seine Mutter lobt sein Verhalten und er darf wieder mitspielen.

In dieser Situation findet die emotionale Ebene keine Berücksichtigung. Die Gefühle der beiden Jungs werden nicht thematisiert. Die Mutter von Leon und Felix hat ausschließlich auf der Verhaltensebene agiert. Welche emotionalen Bedürfnisse hinter dem Streit der beiden Geschwister liegen, bleibt hier völlig unberücksichtigt. Und sie hat Leon bestraft, ist also nicht wertschätzend, sondern abwertend mit ihm umgegangen. Leon erhält von seiner Mutter folgende Botschaften:

- Ich bin hier so, wie ich bin, mit meiner Persönlichkeit und meinen Anliegen, nicht erwünscht. Ich bin weniger wert!
- So, wie ich bin, werde ich nicht geliebt und nicht anerkannt.
- Meine Gefühle sind nicht wichtig und nicht richtig.
- Meine Bedürfnisse werden ignoriert.

Der eigentliche Konflikt wird so nicht geklärt und die beiden werden bald wieder in Streit geraten. Kinder, die aggressiv werden, fühlen sich ohnehin schon nicht anerkannt, empfinden sich als Störenfriede und Außenseiter. Deshalb wirken diese Botschaften verstärkend auf den Konflikt. Weiterer Ärger ist also vorprogrammiert. Zudem hat es Leon als das erstgeborene Kind ohnehin schon nicht leicht. Denn ältere Geschwister fühlen sich durch die Geburt des zweiten Kindes einerseits zurückgesetzt, möchten andererseits aber auch das Geschwisterchen lieben und zur Familie gehören. Mit diesen widerstreitenden Gefühlen muss das ältere Geschwisterkind umgehen. Mal kann es die Gefühle verbergen und mal ist auch die Freude im Vordergrund. Es wird aber auch Momente geben, in denen die VERLUSTGEFÜHLE und die Wut deutlich spürbar sind. Der Schmerz zeigt sich bei kleineren Kindern eher in heftigen Gefühlsausbrüchen, weil sie ihre Emotionen noch nicht in Worte fassen können. Größere Kinder, die schon vertrauter sind mit den Verhaltenserwartungen des sozialen Umfelds, äußern ihre EIFERSUCHT vermutlich nicht explizit. Aber sehr wahrscheinlich sind auch sie emotional verunsichert, befinden sich in ständiger Konkurrenz und streiten daher mit Geschwistern. Wesentlich ist, dass Eltern die Gefühle der älteren Kinder nicht bagatellisieren und Signale beachten und ernst nehmen.

EINE WERTSCHÄTZENDE ALTERNATIVE

Die Mutter kommt hinzu, geht zu dem Jüngeren, der heftig schluchzt, nimmt ihn in den Arm und fragt zu ihrem älteren Sohn gewandt: »Was habt ihr miteinander, Jungs?«

Leon: »Felix hat mein Puzzle kaputt gemacht.«

Mutter (schaut Leon offen an): »Und das hat dich geärgert?«

Leon: »Ja, sehr! Ich habe ihm gesagt, dass er aufhören soll, aber er hat nicht aufgehört. Und dann hat er mich auch noch gehauen und da habe ich ihm die Eisenbahn weggenommen und ihn geschubst.« (Leon senkt seinen Kopf.)

Mutter (wendet sich nun Felix zu, der mittlerweile nicht mehr weint): »Und dann hast du dich geärgert?«

Felix (nickt mit dem Kopf): »Ja, ich wollte, dass Leon mit mir und der Eisenbahn spielt.«

»Hauen und schubsen ist für mich keine gute Lösung. Aber ich kann verstehen, dass ihr euch beide geärgert habt«, sagt die Mutter und schaut ihre beiden Söhne dabei an. »Und jetzt?«, fragt sie. Die Jungs schauen sich an. »Ich will mit dir spielen!«, ruft Felix. Leon schaut seinen Bruder an. »Na, dann mach ich jetzt noch fünf Puzzleteile und dann spielen wir zusammen Eisenbahn, ja, Felix?« – »Ja«, sagt Felix und strahlt. Die Mutter verlässt das Kinderzimmer.

Felix und Leon machen hier wichtige soziale und emotionale Erfahrungen. Sie sind in Streit geraten und werden von ihrer Mutter bei der Konfliktlösung begleitet. Und das Wesentliche dabei: In dieser Situation haben die Jungs dann selbst eine gute Lösung finden können.

VERTRAUEN MACHT STARK

ZUHÖREN STATT KONTROLLE UND VERHÖR

Eltern wollen, dass ihre Kinder ein starkes Selbstwertgefühl und großes Selbstvertrauen erlangen. Das gelingt aber nicht, wenn wir sie ständig kontrollieren – was im Alltag häufig passiert. Um Vertrauen in sich selbst zu entwickeln und sich selbst wertzuschätzen, müssen Kinder die Erfahrung machen, dass wir Eltern ihnen vertrauen und dass sie uns vertrauen können. Dafür braucht es Kommunikation: Im wertschätzenden Dialog können alle Familienmitglieder ihre Bedürfnisse, Wünsche und Sorgen ansprechen und werden mit ihren Anliegen gehört. Dann gelingt es auch, sich immer wieder neu abzustimmen, Kompromisse zu finden und Konflikte zu lösen.

Mehr in die Entwicklung der Kinder zu vertrauen, in das, was sie mitbringen und was von Natur aus in ihnen angelegt ist: in unserer heutigen Leistungsgesellschaft eine große Herausforderung für uns Eltern. Schließlich soll aus unserem Kind etwas werden. Auch deshalb lassen wir uns im Familienalltag immer wieder dazu verleiten, lieber stetig zu kontrollieren, anstatt auf die Fähigkeiten der Kinder zu vertrauen und sie so in ihrem Selbstwert zu bestärken und wachsen zu lassen.

Simon ist zehn Jahre alt und geht in die 5. Klasse. Seine Eltern sind nervös nach dem gerade vollzogenen Schulwechsel. Sie fragen sich, ob ihr Sohn den Leistungsanforderungen der neuen Schule gerecht werden kann. Sie sind besorgt und wirken auch ärgerlich darüber, wie es zu Hause läuft. Sie sind unzufrieden mit dem, was Simon für die Schule leistet, und auch seine Pflichten im Familienleben vernachlässigt er. Simons Eltern haben deshalb einen detaillierten Plan für ihn und seine täglichen Aufgaben erstellt. Die Eltern beschreiben ihren Sohn wie folgt:

»Simon schafft es oft nicht, auch bei sich wiederholenden Aufgaben (Aufstehen, Körperpflege, Anziehen, Frühstücken) diese selbstständig im geforderten Zeitrahmen durchzuführen. Er lässt sich leicht ablenken. Oft macht er dann, was für ihn in diesem Moment gerade wichtig ist – lesen, Handy checken zum Beispiel –, obwohl er weiß, dass wir in kürzester Zeit das Haus verlassen müssen.

Simon hat keine Ordnungsstrukturen. Er schafft es nicht eigenständig, seine schulischen Unterlagen für den jeweiligen Tag bereitzuhalten, obwohl er eine ausgeprägte Merkfähigkeit besitzt – aber nur für Dinge, die ihn interessieren. Es kommen immer wieder Beschwerden über sein Schriftbild bei den Hausaufgaben. Erst nach entsprechender Rückmeldung durch die Lehrer oder uns schafft er es, ein hinreichendes Ergebnis zu erzielen.«

Simons Eltern erzählen außerdem, dass sie vor ein paar Monaten ein Belohnungssystem eingeführt haben. So können die drei Geschwister durch Hilfe im Haushalt (Spülmaschine ausräumen, Tisch decken) und Erledigungen ihrer Aufgaben (Zimmer aufräumen, Hausaufgaben machen) Punkte sammeln und diese später gegen Belohnungen eintauschen. Mal wird dann die PC-Zeit verlängert und mal sammelt Simon für einen Kinobesuch. Zu Beginn habe es ganz prima geklappt. Alles habe besser funktioniert und sei gut zu kontrollieren gewesen. Zunehmend jedoch habe Simon das Interesse verloren. Die Stimmung zu Hause sei nun schlecht und die Aufgaben würden liegen bleiben.

ALLE MÜSSEN FUNKTIONIEREN

Viele Eltern planen einen sehr durchstrukturierten und straffen Tagesablauf für sich und ihre Kinder. Das ist in der heutigen Zeit nachvollziehbar, denn Berufstätigkeit und Familie müssen unter einen Hut gebracht, viele verschiedene Termine berücksichtigt und zahlreiche Wege am Tag bewältigt werden. Kinder sollen in diesem oft stressigen Alltag auch Pflichten übernehmen. Das ist ebenfalls verständlich – Eigenverantwortung gehört ja auch mit zu den Dingen, die wir Kindern mit auf ihren Weg geben wollen. Schließlich sollen sie sich ja später auch selbst organisieren können. Oft bleibt allerdings wenig Zeit dafür, alles in Ruhe anzugehen. Deshalb sollen alle Familienmitglieder »funktionieren«, was aber den STRESS eher verstärkt und zu einer angespannten Atmosphäre in der Familie führt. Eltern üben dann häufig über ihre Kinder eine engmaschige Kontrolle aus und neigen dazu, diese bei Stress noch zu verstärken. So geraten sie schnell in Machtkämpfe mit den Kindern. Dabei haben wir oft zu wenig Vertrauen in die Fähigkeiten der kleinen Menschen und geben ihnen viel zu wenig Zeit und Raum für eigene Erfahrungen. Auch haben wir oft viel zu hohe ERWARTUNGEN an die Leistungen unserer Kinder. Das zieht immer wieder Ermahnungen nach sich, was bei uns Eltern zu einer Art Dauerenttäuschung führt. Wir wenden dann immer noch mehr Energie für Kontrolle, Überprüfung und Überwachung auf, damit die Kinder ihre Aufgaben erledigen. Noch mehr Stress und Machtkämpfe sind die Folge – die Spirale ist in vollem Gang und das Familienleben empfinden alle Beteiligten in erster Linie als anstrengend und belastend. Dabei wollen wir das eigentlich nicht, oder?

Nicht selten werden dann Belohnungssysteme eingesetzt, um Kinder zu motivieren, ihren Pflichten – wie Mithilfe im Haushalt oder Schularbeiten – nachzukommen.

LOB UND BELOHNUNG SOLLEN HELFEN

»Kinder brauchen Lob!«, hören Eltern immer wieder. In manchen Ratgebern wird den Lesern die Frage gestellt: »Wie oft haben Sie Ihr Kind heute schon gelobt?«, meist sogar verbunden mit dem Hinweis, dass Kinder so und so viel Lob am Tag von ihren Eltern benötigen, um ein Selbstwertgefühl und Selbstvertrauen zu entwickeln. Ja, ein starkes Selbstbewusstsein brauchen Kinder, um gut durchs Leben zu kommen und Herausforderungen zu meistern. Aber was bewirkt es eigentlich tatsächlich, was geschieht zwischen den Zeilen und welche Botschaften senden wir, wenn wir unsere Kinder loben, so wie wir einen Hund kraulen, wenn er brav das Stöckchen apportiert?

VERSTECKTE BOTSCHAFTEN BEACHTEN

Wenn Kinder Belohnungen für ein bestimmtes Verhalten oder eine erbrachte Leistung erhalten, ist dies aus entwicklungspsychologischer Sicht nicht sinnvoll, denn Belohnungen

- sind ein Misstrauensantrag an das Kind – Botschaft: Du kannst es nicht ohne! Ich traue es dir (eigentlich) nicht zu!
- halten das Kind unselbstständig – Botschaft: Nur durch ein Signal von außen erreichst du etwas.
- sind Motivation von außen – Botschaft: Du hast selbst keinen Antrieb, etwas zu erreichen.

Stellen Sie sich vor, Ihr Mann oder Ihre Frau würde Sie jedes Mal, wenn Sie etwas »richtig« oder »gut« gemacht haben, belohnen: Nach dem Kochen, Aufräumen oder Putzen gibt es jedes Mal ein Sternchen! Und bei fünf Sternchen einen Blumenstrauß. Klingt lustig. Was jedoch passiert: Die Beziehung wird UNPERSÖNLICH, alltägliches Miteinander zum Tauschgeschäft. Kinder stellen sich dann schnell auf diese Form der Beziehung ein und fragen: »Was bekomme ich dafür, wenn ich den Tisch abwische, wenn ich dir einen Gefallen tue …?« Das heißt, sie erwarten dann (zu Recht, weil wir es so vorgeben) für alles, was sie tun, eine Belohnung beziehungsweise eine GEGENLEISTUNG.

DER EIGENE ENTWICKLUNGSMOTOR STOCKT

Wenn wir Kinder loben und belohnen, entsteht eine fragwürdige emotionale Abhängigkeit, die das Kind unselbstständig hält und daran hindert, eigene Verantwortung für sein Handeln zu übernehmen. Wenn wir ein Kind loben oder belohnen, weil es zum Beispiel im Haushalt hilft, vermitteln wir ihm die Botschaft: »Es ist keine Selbstverständlichkeit, dass wir uns gegenseitig helfen.« Und: Kinder streben ja nach Verantwortung und Selbstständigkeit. Sie wollen sich nicht wegen uns Eltern selbst anziehen, sie wollen nicht für uns das Fahrradfahren lernen, sondern weil sie es aus sich heraus wollen, weil sie selbstständig werden möchten. Wenn ein Kind in seiner Entwicklung für bestimmte Schritte bereit ist, wird es diese auch tun. Wir sollten sein eigenes inneres Bedürfnis danach nicht durch Belohnung des von uns erwünschten Verhaltens oder durch elterliche BESTECHUNG ersticken.

Eine Gefahr besteht zudem darin, dass sich bei einem Kind durch beständiges Loben und Belohnen die Einstellung bilden kann, es müsse nichts tun, wenn es keine Belohnung dafür gibt. Ein Eigentor für die Eltern und fatal für die Kinder. Denn die persönliche, emotionale Beziehungsebene tritt im Zuge dessen immer mehr in den Hintergrund. Kinder werden so also nicht nur in ihrer Selbstständigkeitsentwicklung gehemmt, sondern laufen Gefahr, durch diese Erfahrungen in anderen Beziehungen (etwa zu Mitschülern oder Sportfreunden) eher berechnend und strategisch zu agieren statt hilfsbereit und empathisch.

Kinder tragen also den Motor für ihre Entwicklung in sich und benötigen dafür keine Motivation von außen. Das Verführerische an Belohnungsmaßnahmen und -systemen ist allerdings, dass sie häufig funktionieren. Vor allem, wenn Eltern unter Druck geraten, etwa im Hinblick auf die schulische Leistung ihres Kindes, ist die Versuchung hoch, ein solches

WAS IM GEHIRN GESCHIEHT

Beim Lernen und wenn wir Erfahrungen in der Welt machen, belohnt sich das Gehirn für jeden Erfolg selbst – ein spannendes Phänomen. Wenn dieses Belohnungssystem im Gehirn besonders angesprochen wird, werden die Nervenzellen dort aktiviert und schütten den Botenstoff Dopamin aus. Wenn wir also etwas erreicht haben, dann findet in unserem Gehirn eine Dopaminausschüttung statt, die uns ein Glücksgefühl verschafft: die Freude über den Erfolg. Und weil sich das so gut anfühlt, verlangen die Hirnzellen nach mehr Erfolg, mehr Dopamin!

Der eigene innere Antrieb, etwas erreichen zu wollen, und die Art und Weise der Motivation spielen hier – gerade auch in der Entwicklung von Kindern – eine wichtige Rolle: Die Erfahrung zeigt nämlich, dass Erfolge, die an eine Belohnung (etwa an Süßigkeiten) geknüpft sind, also durch eine Motivation von außen entstanden sind, nur eine sehr kurzfristige Dopaminausschüttung herbeiführen und wenig nachhaltig sind. Wenn jedoch der Erfolg aus der eigenen inneren Motivation heraus entstanden ist, sind das Glück und die Freude tiefer und das Gefühl wird insgesamt als nachhaltiger erlebt. So speist sich das Selbstwertgefühl aus genau diesem eigenmotivierten Erfolg, verankert sich tief im Gehirn und lässt Menschen innerlich wachsen.

System einzusetzen, um das Kind zu motivieren. Das heißt, zunächst erfolgt die Kontrolle, und stellt sich dann (vermeintlicher) Erfolg ein, folgen Lob und Belohnung.

Wenn wir jedoch Kinder kontrollieren und belohnen, agieren sie irgendwann nicht mehr aus sich selbst heraus, sie verlassen sich mehr und mehr auf den »Außenmotor«. Außerdem bewegen wir uns mit dem System »Kontrolle und Belohnung« rein auf der Verhaltensebene. Der WERT des Menschen an sich und die PERSÖNLICHKEIT geraten in den Hintergrund. Es werden also nicht nur Eigenständigkeit und Selbstmotivation beeinträchtigt, auch können das Selbstvertrauen und das so wichtige Selbstwertgefühl nicht gesund wachsen.

KONTROLLE UND BELOHNUNG GREIFEN ZU KURZ

Loszulassen und wirklich in die Fähigkeiten seiner Kinder zu vertrauen, ist nicht einfach. Häufig werden wir von außen auch noch dazu angehalten, unsere Kinder intensiver zu überwachen und besser zu überprüfen. Es genügt schon ein Elternabend oder die Bitte des Lehrers, mehr darauf zu achten, dass das vollständige Arbeitsmaterial im Schulranzen ist und die Hausaufgaben ordentlich gemacht sind. Schon reagieren wir mit strafenden oder die Kinder vermeintlich stärkenden Erziehungsmethoden, um die »Sache in den Griff« zu bekommen. Aber bedenken Sie: Kontrolle und Belohnung verschaffen uns Eltern nur kurzfristig ein gutes Gefühl durch den so erreichten Erfolg, belasten jedoch langfristig vor allem die Beziehung. Unser Vertrauen ist für Kinder und ihre Entwicklung in jeder Hinsicht besser.

Im guten bestärken: Selbstvertrauen wachsen lassen

Wenn wir in Kinder vertrauen, können wir ihren Selbstwert stärken und ihr Selbstvertrauen wachsen lassen. Diese beiden Begriffe werden manchmal verwechselt oder sind auch in ihrer Bedeutung unklar. Zu wissen, was genau damit gemeint ist, scheint mir jedoch wichtig, wenn es um ein beziehungsorientiertes Eltern-Kind-Verhältnis und das gesunde psychische und physische Aufwachsen unserer Kinder geht.

DU BIST OKAY, SO WIE DU BIST

Das Selbstwertgefühl bezieht sich auf die Frage: Wie viel Wert habe ich als Mensch, der ich bin? Wie viel bin ich selbst wert? Bin ich wertvoll und wichtig? In diesem Zusammenhang ist es wesentlich zu wissen, dass Kinder diesen Wert ihres eigenen Selbst nur im Kontakt mit ihren Eltern und nur dann erleben können, wenn sie von ihnen immer wieder die Botschaft empfangen: »Du bist einzigartig und (mir) als Mensch wichtig und wertvoll.« Kurz: »Du bist okay, so wie du bist.«

WENN DER SELBSTWERT BEEINTRÄCHTIGT IST

Erfahren Kinder dieses Gefühl nicht oder nicht konstant, kann sich das Selbstwertgefühl nicht stetig entwickeln oder wird beeinträchtigt. Wenn Menschen einen schwachen Selbstwert haben, geben sie schnell auf, trauen sich nichts zu, sie machen sich selbst klein und schlecht: »Ich bin ein Versager.« »In allem bin ich schlecht.« »Mir gelingt nichts!« »Alle anderen sind besser als ich.« »Ich bin nichts, ich kann nichts.« Solche negativen Glaubenssätze verankern sich tief im Lauf der kindlichen Entwicklung, wenn der Selbstwert sich nicht ausbilden kann.

Die emotionale Botschaft an Kinder, dass sie so, wie sie sind, richtig sind und akzeptiert werden, ist also essenziell bedeutsam und Samen und Nahrung zugleich. So kann diese Botschaft im Selbst unserer Kinder aufgehen und der Selbstwert wachsen.

WIE VERTRAUEN IN DIE EIGENEN FÄHIGKEITEN ENTSTEHT

Das Selbstvertrauen bezieht sich auf unsere Fähigkeiten, mit denen wir unsere Aufgaben und Herausforderungen in den verschiedenen Bereichen des Lebens angehen können. Voraussetzung für ein gutes Selbstvertrauen ist eine gute Selbsteinschätzung. Dafür ist es wichtig, dass Kinder sich selbst, ihre eigenen Vorlieben, ihre Fähigkeiten, Charaktereigenschaften und Eigenheiten kennenlernen dürfen. Wer bin ich eigentlich? Was mag ich gerne? Was kann ich gut? Was ist mir wichtig? Dies gelingt vor allem dann, wenn wir Kinder bei ihren Aufgaben und Wegen begleiten und unterstützen und ihnen entsprechende eigene Erfahrungen zugestehen – das heißt auch, ihnen vertrauen.

Vertrauen in seine EIGENEN FÄHIGKEITEN zu entwickeln und Vertrauen in das eigene SELBST zu haben ist eine gute Kombination, um den Herausforderungen des Lebens begegnen und eigenständig Strategien für sich entwickeln zu können. Das verhindern wir Eltern jedoch, wenn wir unseren Kindern sagen, was sie wie machen sollen, sie kontrollieren und ihnen nicht vertrauen. Denn sie können dann ihre Erfolge nicht für sich selbst verbuchen. Genau das ist aber wichtig, wenn Selbstwert und Selbstvertrauen stetig wachsen sollen.

KINDER NICHT IN SYSTEME PRESSEN

Wie ging es nun mit Simon weiter? Seine Eltern haben die gesamte Situation analysiert, überlegt, warum sie selbst so unter Druck geraten sind, und ihre Erwartungen an Simon überprüft. Sie haben ihn gefragt, was ihm in seinem Alltag wichtig ist, und dabei viel über das, was ihn bewegt, erfahren, etwa dass er grundsätzlich nicht so gerne in die Schule geht. GEMEINSAM wollen sie nun ohne strenge Vorgaben die Hausaufgabensituation neu gestalten. Sie wollen individuelle, vertrauensvolle Wege finden und nicht weiter mithilfe eines Belohnungs-

systems arbeiten. »Am Anfang war es nicht leicht, die Kontrolle loszulassen und mehr Vertrauen zu wagen«, berichtete die Mutter. Und der Vater machte die Erfahrung: »Ich kann Simon insgesamt viel besser verstehen. Er ist sogar ganz ähnlich wie ich. Das habe ich durch die ganzen Erwartungen, die wir dauernd an ihn herangetragen haben, gar nicht richtig bemerken können.« Das Gesamtresümee lautet: »Es klappt nicht immer alles, wie es soll, aber wir ziehen jetzt alle gemeinsam an einem Strang. Die Atmosphäre zu Hause ist dadurch viel besser und Simon kommt zu uns, wenn er Unterstützung braucht. Darauf vertrauen wir.«

BESTÄRKEN IST BESSER ALS LOBEN

Der Grund, warum loben kurzfristig funktionieren kann, ist der, dass Kinder sich nach Anerkennung durch uns sehnen. Wenn wir loben, dann nutzen wir unbewusst diese emotionale Abhängigkeit der Kinder aus. Und es macht den Alltag für uns ja auch etwas leichter, wenn Robin sein Spielzeug schön aufräumt oder Annika sich alleine die Schuhe anzieht. Kinder spüren die Manipulation zwischen den Zeilen aber irgendwann und verweigern sich dann auch unter Umständen. Das elterliche »Toll gemacht« hat ja nichts mit ihnen zu tun.

Ein dreijähriges Mädchen läuft über den Spielplatz, breitet die Arme zum Flieger aus und ruft zu seiner Mutter, die auf einer Bank am Rand sitzt: »Mama, guck mal!« Die Mutter lächelt ihrer Tochter zu und ruft zurück: »Super, meine Kleine, du bist ja ein Flugzeug! Das machst du ganz toll.« Kurz darauf winkt ein fünfjähriger Junge seinem Vater von der Rutsche aus zu und möchte, dass sein Papa zu ihm herüberschaut. »Hey«, ruft der Vater und legt seine Zeitung zur Seite, »das ist ja super, du kannst ja rutschen! Und gleich noch mal!«

Ist es wirklich so großartig, wenn eine Dreijährige Flugzeug spielt? Ist es Grund für überschwängliches Lob, wenn ein Fünfjähriger auf das Klettergerüst steigt oder rutscht? Eigentlich doch nicht. Obwohl wir glauben, unsere Rückmeldung im besten Sinne der Kinder zu geben, besteht hier ein Missverständnis. Denn zunächst wollen Kinder nur in ihrem SOSEIN bestätigt werden und die Wahrnehmung ihrer Welt mit uns teilen. »Guck mal!«, heißt also nicht: »Guck mal, wie toll ich bin!«, sondern: »Guck mal, hier bin ich! Nimmst du mich wahr?«

ERMUTIGEN STATT BEWERTEN

Kinder fühlen sich durch Lob nicht um ihrer selbst Willen geliebt, sondern wegen einer Leistung, die sie erbringen. Sie können so in einen ungesunden »Leistungsstress« geraten, nur um uns zu gefallen. Das wäre fatal. Außerdem besteht die Gefahr, dass Kinder das Interesse an den Dingen verlieren, für die sie gelobt werden. Lobt man sie zum Beispiel häufig für Großzügigkeit oder Hilfsbereitschaft, hören sie auf zu teilen oder zu helfen. Es würde also völlig ausreichen, wenn die Eltern auf dem Spielplatz ein kleines Signal geben, ein Winken, ein Lachen, ein »Hallo, ich sehe dich«. Das stärkt Kinder in ihrem Selbst und lässt sie gleichzeitig emotional auftanken. Wir müssen überhaupt nicht bewerten, um zu ERMUTIGEN. Und wenn Kinder froh und stolz auf etwas Geleistetes sind, dann ist es folgende Botschaft, die sie bestärkt: »Ich freue mich sehr mit dir, dass du das geschafft hast.«

Wie viel Konsequenz muss sein?

Im Zusammenhang mit dem Thema Kontrolle taucht häufig auch die Frage auf: Wie konsequent müssen Eltern in der Erziehung eigentlich sein? Kontrolle bedeutet ja auch, dass wir Eltern etwas durchsetzen wollen – und dazu muss man konsequent sein. Aber ist es wirklich notwendig, »sich durchzusetzen« und »konsequent zu sein«? Und wenn ja, in welchem Ausmaß und wann darf ich Ausnahmen machen?

Immer wieder werden Eltern von Ratgebern und/oder von Erziehern oder Lehrerinnen dazu aufgefordert, bestimmte Regeln oder die eigenen Ankündigungen »konsequent« und mit »klaren Ansagen« durchzusetzen. Kein Wunder, dass Eltern glauben, sie müssten feste Regeln und Vorgaben planmäßig und unbeirrbar verfolgen. Nicht selten haben sie den Eindruck, dass ihre Qualität des Elternseins davon abhängt, wie konsequent sie mit ihrem Kind umgehen. Eine besorgte Mutter schildert das folgende Problem:

Ich weiß, dass es an mir liegt und ich keine so gute Mutter bin. Ich bin einfach zu inkonsequent und lasse zu viel durchgehen, das sagt zumindest mein Mann, mit dem ich nicht immer einig bin. Er kann einfach härter durchgreifen, auch wenn es dann Geschrei und Ärger gibt.

Konsequent sein heisst oft, rücksichtslos werden

Bei dem Versuch, konsequent zu sein, tun Eltern manchmal Dinge, die ein Kind kränken, es verletzen und die infolgedessen Ärger, Wut und Enttäuschung bei ihm auslösen. Eltern fühlen sich in der Regel damit auch nicht wohl. Sie spüren, dass sie Grenzen des Kindes überschreiten, und auch, dass sie ihre elterliche Macht missbrauchen, um sich durchzusetzen und an ein bestimmtes Ziel zu gelangen. Sie tun es jedoch trotzdem, weil sie befürchten, dass Inkonsequenz das Kind verwirren und zu Unklarheiten in der Eltern-Kind-Hierarchie führen könnte. So nach dem Motto: »Wenn wir jetzt nicht hart bleiben und durchgreifen, wird das Kind uns als schwach erleben und uns immer auf der Nase herumtanzen.«

Emma (drei Jahre) verweigert überraschend das Zähneputzen am Abend. Eigentlich gibt es sonst keine Probleme damit. Heute schon. Bereits das Abendessen war stressig und beide, Emma und ihr Vater, sind erschöpft. Es ist alles viel später geworden. Emmas Vater versucht es im Guten: »Komm Emma, nur noch Zähne putzen!« – »Nein«, schreit Emma, »ich will nicht!« – »Gut«, sagt Emmas Vater, »dann geht es nicht anders! Zähne müssen geputzt werden, sonst kriegst du schlechte Zähne.« Er schnappt sich seine Tochter, klemmt sie zwischen seine Beine und hält ihren Kopf fest. Mit der Zahnbürste fährt er Emma blitzschnell in den kleinen Mund. Emma wirkt zunächst überrascht, dann beginnt sie, sich zu wehren. Sie prustet und spuckt. »Aua!«, ruft sie. »Es muss sein!«, ruft der Vater und putzt die Zähnchen entschlossen weiter. »Wo kommen wir denn hin, wenn du einfach keine Zähne mehr putzt?« – »Nein, ich will nicht, du bist blöd«, schreit Emma und beginnt zu weinen. Der Vater überhört die Schreie und lässt sich nicht beirren.

Emmas Vater tut, was er tut, aus seiner Sicht mit den besten Absichten. Seine Tochter soll spüren: Er hat hier das Sagen. Wenn er etwas von ihr will, dann hält er auch konsequent daran fest. Man kann ihm nicht auf der Nase herumtanzen und Zähneputzen ist wichtig. Aus meiner Sicht ist konsequentes Verhalten in diesem Sinne einer der größten Erziehungsfehler. Emma hat dann zwar geputzte Zähne und sie versteht auch, dass ihr Vater das Sagen hat und an dem, was er gesagt hat, festhält. Der Preis ist jedoch hoch, denn gleichzeitig werden ihre körperlichen Grenzen übertreten, sie fühlt sich selbst wertlos. Sie empfängt folgende Botschaften auf emotionaler Ebene:

- Ich werde mit meinen Bedürfnissen nicht wahrgenommen.
- Ich bin es nicht wert, dass achtsam mit mir umgegangen wird.

Ist das wirklich unser Ziel? Wir lieben doch unsere Kinder, wir wollen ihnen nicht wehtun und wir wollen sie auch nicht kränken und demütigen. Wie können wir also unsere Liebe in solchen Situationen auch in liebevolles Handeln übersetzen? Was ist eine sinnvolle und wertschätzende Alternative zu konsequentem elterlichen Verhalten?

BESSER KONSISTENT ALS KONSEQUENT

Im Umgang mit Kindern geht es weniger darum, konsequent zu sein, als eher darum, konsistent zu sein. Was ist damit gemeint? Wenn Eltern um der Konsequenz willen konsequent sind, wird das schnell destruktiv und endet häufig mit Geschrei und Machtkampf. Konstruktiv und für die Kinder wichtig ist dagegen, dass sie Erwachsene erleben, die in ihrem Denken, Fühlen und in ihren Werten beständig sind und sich auch entsprechend verhalten und nicht widersprüchlich agieren – die also konsistent sind.

Emma (drei Jahre) verweigert überraschend das Zähneputzen am Abend. Eigentlich gibt es sonst keine Probleme damit. Heute schon. Bereits das Abendessen war stressig und beide, Emma und ihr Vater, sind erschöpft. Es ist alles viel später geworden. Emmas Vater versucht es im Guten: »Komm Emma, nur noch Zähne putzen!« – »„Nein«, schreit Emma, »ich will nicht!« Sie wirft sich auf den Boden. Emmas Vater ärgert sich. Ihm ist es wichtig, dass am Abend noch die Zähne geputzt werden. Andererseits kann er auch spüren, dass Emma gerade überfordert ist. Würde er konsequent auf dem Zähneputzen bestehen, würde er in einen Machtkampf geraten. Den würde er sogar gewinnen, er ist ja viel größer und stärker. Um sich durchzusetzen, müsste er Emma allerdings festhalten und Gewalt anwenden, seine Tochter würde sich winden und noch mehr weinen. »Ich ärgere mich, Emma«, sagt er schließlich. »Mir ist wichtig, dass du deine Zähne putzt. Ich möchte nicht, dass du zum Zahnarzt musst.« Emma weint lauter. Ihr Vater plant für diesen Abend um. Er teilt das Emma mit und kündigt an, dass sie morgen noch mal über das Zähneputzen sprechen. Am nächsten Morgen kann er sich mit Emma darüber unterhalten, dass er es wichtig findet, die Zähne täglich zu putzen. Emma hört aufmerksam zu. Sie vereinbaren, heute Abend mehr Zeit einzuplanen, und Emma wünscht sich, dass Papa mit ihr gemeinsam ins Bad geht und selbst auch seine Zähne putzt.

Der Vater hat seine eigenen Wertvorstellungen und seine Prinzipien nicht über Bord geworfen: Nach wie vor ist ihm die Zahngesundheit seiner Tochter wichtig. Diesen Wert stellt er aber für diesen Moment am Abend zurück, weil ein anderer wichtiger Wert in den Vordergrund tritt: das Prinzip, wertschätzend und achtsam miteinander umzugehen. Die Botschaften, die Emma jetzt empfängt, sind folgende:

- Ich bin mit meiner Überforderung (in meiner Not) gesehen.
- Meine Signale und Bedürfnisse werden ernst genommen.
- Ich und meine Gesundheit sind meinem Vater wichtig.
- Mein Vater möchte, dass es mir gut geht, und achtet auf mich.
- Ich bin wertvoll und es wert, gehört zu werden.

Zeit für den Dialog: Vorwürfe helfen nicht weiter

Kommunikation ist in unserer Gesellschaft sehr oft angefüllt mit Gesprächsfloskeln, die zwar einen bestimmten sozialen Zweck erfüllen, inhaltlich jedoch eher belanglos sind und wenig mit einem wirklichen Dialog zu tun haben, also mit dem persönlichen Austausch von Informationen über sich und die Sache, um die es geht.

GESPRÄCHE MIT HINTERTÜRCHEN

Als Einstieg in ein Gespräch fragen wir zum Beispiel einen anderen: »Oh, lange nicht gesehen, wie geht es dir?« Wir sind aber in der Regel nicht wirklich interessiert daran, wie es unserem Gegenüber tatsächlich geht und was es emotional beschäftigt. Es ist vielmehr der Beginn eines eher oberflächlichen Smalltalks. Wir haben gelernt, dass es HÖFLICH ist, sich anderen Menschen so zu nähern, und sind es auch nicht gewohnt, persönliche Nähe in Beziehungen zu Menschen zuzulassen, die uns nicht allzu vertraut sind.

So schützen wir uns durch die Art, wie wir kommunizieren. Zum Beispiel auch, wenn wir heraushören, dass es dem anderen tatsächlich nicht so gut geht. Sogleich haben wir eine Anzahl von Antworten parat, die verhindern sollen, dass alles zu persönlich wird, zu nahe an uns herankommt: »Ach, jedem geht es doch mal schlecht!«, »Du brauchst nur mal Urlaub!«, »Das wird schon wieder!«, »Kopf hoch und halt die Ohren steif!«.

Solche Sätze nenne ich Hintertürchen-Antworten, weil sie uns die Gelegenheit zum AUSWEICHEN geben. Im gesellschaftlichen Miteinander sind solche sprachlichen Gepflogenheiten gelegentlich erwünscht und können sogar nützlich und richtig sein. Innerhalb der Familie jedoch, wo Menschen eine sehr persönliche Bedeutung für uns haben, bringt uns diese Form der Kommunikation nicht weiter. Es geht hier um einen wertschätzenden Umgang miteinander. Und es geht darum, lebendig miteinander den Alltag zu gestalten und auch Schwierigkeiten zu meistern. Da helfen keine Hintertürchen und oberflächlichen Smalltalks.

WENN ELTERN REDEN UND KINDER SCHWEIGEN

Gerade zwischen Eltern und Kindern schleichen sich manchmal de-struktive Kommunikationsmuster ein: Eltern haben oft das Gefühl, sie würden »gegen eine Wand reden« und wiederholen bestimmte Sätze dann wieder und wieder. Diese scheinen trotzdem nicht anzukommen, als ob sie »zum einen Ohr hinein und zum anderen Ohr wieder raus« gingen. Und so entsteht ein typischer Fall von Monolog.

Mutter (kommt ins Zimmer): »Und, Nico? Was habt ihr heute in der Schule gemacht?«

Nico (schaut von seinen Hausaufgaben auf): »Nichts Besonderes.«

Mutter: »Na, irgendwas werdet ihr gemacht haben.«

Nico (schreibt weiter): »Ja, in Mathe haben wir gemeinsam die Hausaufgaben kontrolliert.«
Mutter: »Und? Hattest du alles richtig?«
Nico: »Ja, fast. Eine Aufgabe war falsch.«
Mutter: »Wirklich? Dann musst du doch noch konzentrierter arbeiten. Und sonst noch? Was war in Deutsch?«
Nico (schaut auf): »Mama, lass mich ...«
Mutter: »Ich will nur kurz wissen, was mit Deutsch war.«
Nico (seufzt): »Deutsch war langweilig, wir mussten eine Geschichte lesen.«
Mutter: »Aber das ist doch nicht langweilig. Und Englisch? Habt ihr den Vokabeltest zurück?«
Nico: »Nein, den kriegen wir erst morgen wieder.«
Mutter (geht zur Zimmertür): »Ach so. okay.«
Nico (genervt): »Kann ich jetzt weitermachen?«

Dieser Austausch zwischen Mutter und Sohn mutet eher an wie eine Befragung im Interviewstil, ja fast wie ein Verhör. Eine nahe, persönliche Unterhaltung ist es nicht. Zwar bekommt die Mutter einige Informationen über den Verlauf des Schultags, allerdings erfährt sie nichts darüber, wie es Nico damit geht und was ihn bewegt. Auch bleibt sie selbst mit ihren Anliegen und Gefühlen verborgen und es bleibt offen, was der eigentliche Grund für ihre Fragen ist.

KOMMUNIKATION FOLGT MUSTERN

Wenn wir unsere Kinder in diesem Stil befragen, entsteht Unmut auf beiden Seiten: Eltern »bohren« nach, Kinder verlieren das Interesse oder fühlen sich schnell unter Druck gesetzt. Keiner lässt sich gerne ausfragen. Dieses Kommunikationsmuster entsteht unbewusst und so bleiben Eltern und Kinder oft frustriert und unglücklich zurück. Die häufig gehörten Sätze von Kindern, wie »Meine Eltern verstehen mich eh nicht!«, und die Klagen von Eltern, wie »Mein Kind hört mir nicht zu« oder »Mein Kind erzählt mir sowieso nichts«, zeigen, wie schwierig es ist, im Familienalltag in ein wirkliches, echtes Gespräch zu kommen, in dem sich alle mit ihren jeweiligen Gefühlen und Bedürfnissen gehört und ernst genommen fühlen.

Was in der alltäglichen Familienkommunikation schon nicht leicht ist, wird in Ausnahmesituationen, bei Konflikten, oft noch schwieriger.

Helene (11 Jahre) kommt wiederholt zu spät nach Hause. Trotz vieler Ermahnungen ändert sich ihr Verhalten nicht und ihr Vater möchte nun die letzte Verspätung zum Anlass nehmen, ernsthaft mit seiner Tochter zu sprechen.

Vater: »Wo kommst du jetzt erst her? Du bist viel zu spät! Das Judotraining ist seit über einer Stunde vorbei!«
Helene: »Ich bin später aus der Halle raus und hab den Bus verpasst …«
Vater: »… das hast du letztes Mal auch schon gesagt. Aber wir haben ausgemacht, dass du direkt nach dem Sport nach Hause kommst.«
(Helene starrt mit gesenktem Kopf auf den Tisch vor sich.)
Vater: »Wieso kannst du dich nicht an das halten, was wir besprochen haben? Du hättest wenigstens anrufen können, wofür hast du denn das Handy? Ich warte hier jetzt schon ewig und denke, es ist sonst was passiert. Dass du auch immer so unzuverlässig bist! Später kannst du auch nicht einfach zu spät zur Arbeit kommen.«
(Helene schaut kurz auf, gleich aber wieder weg.)
Vater: »Du wolltest doch auch noch dein Zim-

mer aufräumen und Hausaufgaben machen. Das kommt wieder alles zu kurz. Na klar, der Sport geht mal wieder vor. Warum kommst du denn immer zu spät?«

Helene: »Ich weiß auch nicht. Sind wir fertig?«

Vater: »Nein, sind wir nicht! Du musst lernen, dich an Zeiten und Verabredungen zu halten und auch deine Pflichten zu erfüllen.«

Helene: »Ich weiß. Ich muss jetzt noch Hausaufgaben machen.«

Vater: »Also, wirst du das ändern? Ich erwarte, dass du das nächste Mal pünktlich bist.«

Helene: »Ja, ich versuch's! Soll ich dann anrufen?«

Vater: »Du versuchst es? Ja, anrufen wäre ein erstes Zeichen deiner Einsicht! Helene, das geht so nicht! Wir haben jetzt schon so oft darüber gesprochen! Um die Zeit ist es auch schon dunkel und ein Mädchen in deinem Alter hat da nix mehr auf der Straße verloren.«

Helene: »Ja, okay, ich hab's verstanden!«

Ist hier ein Gespräch entstanden? Vordergründig mag es vielleicht so aussehen. Schauen wir genauer hin, können wir aber feststellen, dass zunächst mal kein Dialog, sondern eher ein Monolog vorliegt: Der Vater hat seine Tochter zur Rede gestellt, nachgefragt und ihr mitgeteilt, was er in Zukunft von ihr erwartet. Er hat geredet. Helene hat geschwiegen oder nur kurze Antworten gegeben. Ein echter Dialog ist hier nicht entstanden. Und zwischen den Zeilen ist noch etwas anderes passiert. Etwas, das häufig dazu führt, dass sich diese Form der Kommunikation im Kreis dreht. Der Vater begegnet seiner Tochter hier (fast) durchweg mit vorwurfsvoller Haltung und mit vorwurfsvollem Ton, er belehrt und KRITISIERT sie, was sich für Helene grob und wenig fürsorglich anhört und anfühlt. Es sind solche Situationen, die dazu führen, dass Kinder keine Gespräche (mehr) führen wollen, und Eltern seufzen, dass alles Reden sowieso nichts bringt.

DER GLEICHWERTIGE AUSTAUSCH IST ENTSCHEIDEND

Im Beispiel mit Nico ist ein Gespräch in Interview- oder Verhörform entstanden, im zweiten mit Helene ein Monolog voller Vorwürfe. Beide Situationen haben aber eines gemeinsam: Die persönlichen Anteile der Eltern sind jeweils nicht spürbar. Diese Form der Kommunikation hat zur Folge, dass die Erwachsenen nichts über den inneren Zustand, die Gefühle und das Erleben ihrer Kinder erfahren. So bleiben diese mit ihren Bedürfnissen, Erlebnissen und Emotionen ungesehen.

Kinder können eine authentische Form des Dialogs nur über eigene Erfahrungen »erlernen« – wenn also Erwachsene sich darauf einlassen können und es schaffen, ihren Kindern in einem solchen echten Austausch zu begegnen. Das ist manchmal nicht leicht, denn wir Eltern sind dann auch verletzlich. Wir müssen diese Form des Dialogs erst (wieder) erlernen.

Wesentlich für das Gelingen eines Dialogs ist eine offene Einstellung gegenüber dem Gesprächsgegenstand und der Person, mit der wir sprechen. Wenn wir voreingenommen sind und eigene Bewertungen zum Maßstab nehmen, wird es jedoch kaum möglich sein, sich für das Gegenüber zu öffnen. Dann kann kein Austausch stattfinden, bei dem das Ergebnis zunächst offen sein darf. Es geht also erst einmal darum, einander zuzuhören.

Herausforderung Kommunikation

Wie sich diese Aspekte eines gelingenden Dialogs umsetzen lassen, lässt sich gut an den Beispielen von Nico und Helene zeigen. Wenn Nicos Mutter mit ihrem Sohn ins Gespräch kommen möchte, verzichtet sie auf Kontrollfragen und zeigt Interesse an ihrem Sohn.

Mutter klopft an Nicos Tür und wartet, bis er reagiert.

Nico: »Ja?«

Mutter: »Nico? Ich wollte kurz nach dir schauen – wie ist es dir heute in der Schule ergangen?«

Nico (schaut von seinen Hausaufgaben auf): »Oh, es war anstrengend.«

Mutter: »Das glaub ich gerne, du hattest ja auch sieben Stunden. Ich bin heute auch besonders müde – vielleicht liegt es am Wetter.«

Nico (stützt seinen Kopf in die Hände): »Ja, kann sein. Mathe war besonders blöd, wir haben Hausaufgaben kontrolliert und ich bin auch noch drangekommen.«

Mutter (setzt sich aufs Bett): »Das ist für mich auch immer ein Schreck gewesen, wenn ich so plötzlich drangenommen wurde. Oder hast du dich freiwillig gemeldet?«

Nico: »Nee, bei dem Lehrer trau ich mich nicht richtig. Der schimpft immer, wenn es falsch ist. Dann muss man noch an die Tafel. Also, ich hatte zum Glück fast alles richtig. (Er strahlt.) Eine Aufgabe war falsch, aber die musste ich nicht vorlesen.«

Mutter: »Ach schön.«

Nico (schaut auf): »Mama, können wir nachher weiterreden? Ich möchte das fertig machen.«

Mutter (steht auf): »Ja klar, das Essen ist in zehn Minuten so weit.«

Nico (seufzt): »Okay, ich komm dann.«

Um in einen echten und für beide Seiten befriedigenden Dialog zu kommen, sind sieben Aspekte als Voraussetzung grundlegend (siehe Kasten S. 77).

SIEBEN ASPEKTE EINER GELINGENDEN KOMMUNIKATION

1. Zuwendung und Hinwendung zueinander

Um in einen wirklichen Austausch zu kommen, können wir uns einander zuwenden. Das beinhaltet nicht nur, dass man sich ZEIT und auch RUHE nimmt, sich gemeinsam einem Thema zuzuwenden. Das ist auch ganz KÖRPERLICH zu verstehen, im Sinne von sich gegenübersetzen.

2. Interesse haben

Zu einem Dialog gehören Zuwendung und Interesse. Es bedeutet aber auch, eine gewisse NEUGIER zu entwickeln und wirklich ergründen zu wollen, was den anderen beschäftigt.

3. Offenheit und Unvoreingenommenheit

Dazu gehört die innere Bereitschaft, ALLES AUFNEHMEN zu wollen, was der andere sagt, und es erst mal NICHT zu BEWERTEN.

4. Einander wirklich zuhören

Zu hören, was der andere sagt, ohne gleich mit »Ja, aber …« zu einer Gegenrede anzusetzen, erfordert etwas GEDULD. Es heißt, die geschilderten ZUSAMMENHÄNGE stehen zu lassen.

5. Verständnis für das Gegenüber entwickeln

Das heißt nicht, dass man sich in der Sache einig sein muss. Es bedeutet, die PERSPEKTIVE zu WECHSELN, sodass man sagen kann: »Das kann ich aus deiner Sicht nachvollziehen.«

6. Empathie und Einfühlung ineinander

Um Verständnis zu entwickeln, benötigt man Empathie. Empathie ist die Fähigkeit und die Bereitschaft, Gedanken, Gefühle, Einstellungen und Eigenschaften des Gegenübers WAHRZUNEHMEN und auch zu VERSTEHEN. Zur Empathie gehört auch eine EMOTIONALE REAKTION auf die Gefühle des anderen, etwa auf Schmerz, Wut oder Trauer – also MITGEFÜHL.

7. Ernst nehmen und anerkennen

Wichtig ist, den anderen ernst zu nehmen und seine Empfindungen anzuerkennen. Wenn er etwa sagt: »Das hat mich geärgert«, sollten wir das so akzeptieren und ACHTEN, dass der andere diese Empfindung hat. Sie hat für ihn eine BEDEUTUNG und eine BERECHTIGUNG.

Und auch zwischen Helene und ihrem Vater kann ein authentischer, wertschätzender und gleichwertiger Dialog stattfinden, wenn der Vater persönlicher wird und vor allem auf die Vorwürfe verzichtet.

Helene (11 Jahre) kommt wiederholt zu spät nach Hause. Trotz der Bitte der Eltern, sie möge sich an die Verabredung halten, ändert sich ihr Verhalten nicht. Ihr Vater nimmt nun die letzte Verspätung zum Anlass, um ernsthaft mit seiner Tochter zu sprechen.

Vater: »Helene, in letzter Zeit habe ich bemerkt, dass du oft viel später als sonst vom Judotraining kommst. Mich interessiert, warum das so ist. Kannst du mir den Grund sagen?«

Helene: »Ich bin halt später aus der Halle raus und hab den Bus verpasst … Ich weiß auch nicht.«

Vater: »Das heißt, jedes Mal, wenn du zu spät kommst, verpasst du den Bus, weil du zu langsam bist?«

Helene (starrt mit gesenktem Kopf auf den Tisch vor sich): »Ja!«

Vater: »Ich bin darüber erstaunt, weil es früher nicht so war. Also, wenn du über eine Stunde später als ausgemacht nach Hause kommst, mache ich mir Sorgen. Was verzögert denn so, dass du den Bus verpasst?«

Helene (schaut auf): »Ich komm nicht pünktlich zum Umziehen und dann verpass ich den Bus, dann wird's halt mal später.«

Vater: »Zum einen bin ich besorgt, wenn du nicht kommst, und zum anderen ärgere ich mich. Ich möchte wirklich verstehen, woran es liegt, dass du zu spät kommst.«

Helene: »Okay. Dann bleib ich eben zu Hause. Hab eh keine Lust mehr auf das Training. Kann ich jetzt gehen?«

Vater: »Warte bitte noch. Du willst plötzlich deinen Sport aufgeben? Warum das denn?«

Helene: »Macht halt keinen Spaß mehr, weiß auch nicht.«

Vater: »Du bist doch sonst so gerne hingegangen?«

Helene: »Früher schon … jetzt nicht mehr.«

Vater: »Was hat sich denn verändert?«

Helene: »Da sind neue Mädchen dazugekommen … die sind blöd … und die nerven.«

Vater: »Wieso nerven die? Nur dich oder auch andere?«

Helene: »Weiß nicht, mich auf jeden Fall.«

Vater: »Was machen die denn?«

Helene: »Die ärgern mich halt – ist doch auch egal.«

Vater: »Mir nicht. Sag mal ein Beispiel, wie sie dich ärgern, damit ich es besser verstehen kann.«

Helene: »Also zum Beispiel nehmen sie mir nach dem Training meinen Judoanzug und meine Schuhe weg und verstecken sie. Ich kann dann alles absuchen und die lachen sich kaputt. Heute habe ich alles im Mülleimer wiedergefunden.«

Vater: »Das gibt's doch gar nicht! Hast du denn nicht deinem Trainer Bescheid gesagt?«

Helene: »Nee, das ist mir zu doof. Ich bin ja kein Kleinkind mehr.«

Vater: »Also, jetzt verstehe ich jedenfalls, warum du später nach Hause kommst. Kann ich dir denn irgendwie helfen? Soll ich mal mit dem Trainer reden?«

Helene: »Nein, bloß nicht! Das würde nix bringen, dann würden die mich erst recht ärgern. Ich weiß auch nicht, was ich machen soll.«

Vater: »Es tut mir leid, dich so zu sehen, und es macht mich traurig. Ich will nicht, dass dich je-

mand so ärgert und Dinge, die dir wichtig sind, in den Mülleimer schmeißt – das macht mich richtig wütend.«
Helene: »Hm … Ich muss noch Hausaufgaben machen.«
Vater: »Ja, ich weiß. Aber danke für deine Offenheit und dass du mir das alles erzählt hast. Wenn du glaubst, dass ich dir helfen kann, und du meine Unterstützung brauchst, dann sag mir gerne Bescheid.«
Der Dialog zwischen Helene und ihrem Vater ist nun deutlich anders. Es gibt keine Vorwürfe und Belehrungen und es handelt sich auch nicht um einen Monolog. Der Vater geht engagiert, offen und mit echtem Interesse in das Gespräch mit seiner Tochter. Er bringt seine Überlegungen, Auffassungen und eigenen Gefühle mit in den Dialog ein, ist jedoch gleichzeitig aufmerksam, an der Meinung seiner Tochter interessiert und nimmt diese ernst. Auch fühlt er sich ein und ist empathisch. Durch diese Haltung kommt ein gleichwertiger, authentischer Dialog zustande. In diesem Gespräch profitieren beide Teilnehmer vom jeweils anderen. Der Vater erfährt etwas Wesentliches über seine Tochter, über ihr Leben, ihre Sorgen und Nöte. Und Helene macht die (wahrscheinlich wiederholt) gute Erfahrung, dass sie sich ihrem Vater anvertrauen kann und von ihm ernst genommen wird.

GUTE GESPRÄCHE ALS KRAFTQUELLE BEI SCHWIERIGKEITEN

Nach wie vor ist Helene zwar im Konflikt mit ihren Sportkameradinnen auf sich gestellt und eine Lösung ist im Moment (noch) nicht gefunden. Jedoch allein die Tatsache, dass sie in ihrer Not von ihrem Vater gesehen und verstanden

wurde, ist eine Kraftquelle für sie und zeigt die gute Qualität der Beziehung. Durch ein solches Gespräch wird neue Energie auf beiden Seiten freigesetzt, die zu veränderten Einsichten und konkreten Entscheidungen führen kann. Oft ist es ja so, dass die Gespräche zunächst deshalb stattfinden, weil wir ein Verhalten der Kinder nicht einordnen können (hier das Zuspätkommen). Durch das Interesse und das Nachfragen werden dann jedoch unter Umständen Konflikte der Kinder und Jugendlichen sichtbar (hier das Mobben durch die Sportkameradinnen).

KEINE DOPPELTEN BOTSCHAFTEN SENDEN

Damit Kinder ihre Wünsche, Sorgen und Bedürfnisse äußern können, brauchen sie authentische Erwachsene, die ihnen die Möglichkeit geben, sich ernsthaft und vertrauensvoll auszutauschen. Das fällt uns manchmal schwer, denn wir Eltern müssen diese Form des Dialogs auch oft erst (wieder) erlernen. Neben den sieben Aspekten (siehe Seite 77) hilft dabei ein Blick auf unsere nicht verbalen Botschaften. Kinder merken sehr schnell, wenn die sprachlichen und nicht sprachlichen Anteile einer Aussage nicht zusammenpassen, wenn wir sie mit Antworten abspeisen, die offensichtlich nicht mit dem übereinstimmen, was wir ausstrahlen, wenn wir also unauthentisch sind. Eine Mutter zum Beispiel, die gerade ein hochemotionales Telefonat hatte, aufgebracht und wütend ist und dann zu ihrem Kind sagt: »Es ist alles in Ordnung, Mäuschen«, verunsichert und irritiert das Kind. Denn es nimmt durch Gesten, die Mimik und den Tonfall der Mutter wahr, dass etwas nicht stimmt und an der sprachlichen Botschaft nicht passt. Hier authentisch zu reagieren könnte so aussehen: »Ich ärgere mich gerade – es hat aber nichts mit dir zu tun!« Wenn VERBALE und NICHT VERBALE Botschaften übereinstimmen, kann Ihr Kind die Situation besser einschätzen, es weiß dann, woran es ist, und erhält so Orientierung und Sicherheit. Deshalb ist es im Umgang mit Kindern wichtig, authentisch zu sein (siehe Kasten).

VON SICH SELBST SPRECHEN

Der Dialog zwischen Helene und ihrem Vater zeigt, wie wichtig es ist, eigene Überlegungen und Gefühle einzubringen, damit ein Austausch gelingt. Oder anders ausgedrückt: Eine wertschätzende Beziehung und ein konstruktiver Dialog erfordern es, achtsam eigene Wahrnehmungen, Bedürfnisse, Wünsche und Empfindungen in sogenannten Ich-Botschaften zu formulieren.

WAS ICH-BOTSCHAFTEN BEWIRKEN

Ich-Botschaft heißt: Aussagen über sich selbst und seine eigenen Empfindungen zu machen. Die Gesprächspartner werden so in ihrer Gesamtpersönlichkeit sichtbar, also mit verschiedenen Facetten: was sie wahrnehmen und wie sie sich fühlen. Eine Ich-Botschaft wird entsprechend in drei Teile untergliedert:

1. Sachaussage/Beobachtung
2. Gefühlsaussage
3. Aussage über die eigenen Bedürfnisse und gegebenenfalls damit verbundene Wünsche

Wenn wir uns in dieser Form miteinander austauschen und etwas über uns selbst und unser eigenes Erleben sagen, bewerten wir

DOPPELBINDUNG IN DER ZWICKMÜHLE

In der Kommunikationsforschung spricht man von Doppelbindung, wenn ein Mensch einer doppelten oder paradoxen Botschaft ausgesetzt ist. Die Paradoxie kann sich auf der Sprachebene finden. Zum Beispiel: »Halt den Mund und rede mit mir.« Wer immer diese Botschaft empfängt, kann nicht darauf reagieren, ohne etwas falsch zu machen. Wenn er redet, hält er nicht den Mund; hält er den Mund, redet er nicht. Widersprüche können sich aber auch auf verschiedenen Ebenen zeigen, etwa zwischen verbaler Aussage und Körpersprache. Wenn etwa jemand mit verschränkten Armen vor der Brust sagt: »Komm her«, weiß das Gegenüber nicht, worauf es reagieren soll – auf das, was es hört, oder das, was es sieht.

Kinder leiden ganz besonders unter doppelten oder zweideutigen Botschaften, weil sie von uns abhängig sind und sich grundsätzlich uns gegenüber richtig verhalten wollen, um unsere Zuneigung nicht zu verlieren. Sie geraten dann in einen inneren Konflikt, in eine wirklich fatale Zwickmühle.

den anderen nicht und er fühlt sich nicht angegriffen. Wir schieben ihm damit auch keine Verantwortung für die Situation zu, um die es geht. Dadurch entkrampft sich der Dialog und es entsteht eine positive Atmosphäre. Kommunikation in dieser Form ist also konstruktiv.

Dem gegenüber steht die Du-Botschaft: »Du musst dich eben mehr konzentrieren!« »Immer kommst du zu spät.« »Nie hältst du dich an unsere Abmachung.« Diese Aussagen generalisieren und haben einen vorwurfsvollen Charakter. Sie führen deshalb eher zu Eskalation und zu destruktiven Machtkämpfen. Für einen wertschätzenden Dialog trotz Konflikt können Sie folgende Schritte berücksichtigen:

- Das BEOBACHTETE benennen: »Ich habe bemerkt, es ist ganz schön schwierig zwischen uns.«
- Ihr eigenes GEFÜHL deutlich machen: »Dass es so schwierig zwischen uns beiden ist (Sachaussage wird wiederholt), macht mich hilflos und traurig (Gefühlsaussage).«
- Eigene BEDÜRFNISSE benennen: »Ich habe mich geärgert (Gefühlsaussage wird erweitert), weil ich mich auf dich verlassen möchte (Aussage über die eigenen Bedürfnisse).«
- BITTE oder WUNSCH formulieren: »Ich möchte, dass wir gemeinsam eine Lösung finden.«

GEMEINSAM SCHAFFEN WIR DAS!

DIE KUNST DER KOOPERATION

Kinder sind Teamworker. Sie wollen uns Eltern generell gefallen und mit uns zusammenwirken. So sehr, dass sie oft sogar ihre eigenen Bedürfnisse hintanstellen. Kinder sind also nicht auf Kampf aus – wie oft behauptet wird –, sondern absolut loyal uns Eltern gegenüber. Diese Erkenntnis stellt für viele Erwachsene eine große Entlastung dar und hat sich als sehr hilfreich im Umgang mit Kindern erwiesen.

Die Einstellung, dass Kinder aufsässig wären und sich ganz grundsätzlich gegen uns stellen würden, ist unbewusst, aber tief in uns verankert. Sie ist ein Überbleibsel aus der althergebrachten Kindererziehung. Man hatte die Vorstellung, dass Kindern eine gewisse Widerständigkeit angeboren sei, die durch Erziehung unterbunden, beziehungsweise »aberzogen« werden müsse.

Emil (vier Jahre) kommt mit seinem Papa nach seinem Kindergartentag nach Hause. Kaum hat sein Vater die Tür aufgeschlossen, drückt Emil sich an ihm vorbei. »Hallo, Emil«, ruft seine Mutter. »Ich bin in der Küche, komm, wir wollen gleich essen.« Emil rennt an der Küche vorbei in sein Zimmer, wirft seinen kleinen Rucksack in die Ecke und klettert auf sein Bett. Seine Mutter kommt dazu. »Werde ich gar nicht begrüßt?«, fragt sie und streckt den Kopf ins Zimmer. »Komm bitte, wir wollen gleich essen!« Sie verzieht genervt ihr Gesicht, als sie sieht, dass Emil – noch in Jacke und mit Schuhen an den Füßen – auf dem Bett spielt. »Emil, bitte zieh die Schuhe aus und häng die Jacke auf! Deine Brotbüchse brauche ich auch in der Küche und wir waschen doch immer die Hände, wenn wir von draußen reinkommen. Und dann komm bitte schnell zum Essen!«

Emil scheint sehr beschäftigt: »Gleich, Mama, ich will nur kurz …« –

»Nein, jetzt!«, unterbricht ihn seine Mutter genervt. »Du weißt das doch alles, warum machst du das denn nicht?« Emil schaut seine Mutter an, dann verzieht er auch das Gesicht. Er dreht den Kopf weg: »Ich will nicht! Lass mich!« Seine Mutter wird zunehmend ärgerlich. »Was ist denn los mit dir, Emil? Komm, wir wollen jetzt essen, und zieh bitte endlich Jacke und Schuhe aus!«, schimpft sie. Emil hat sich zwei Autos geschnappt und sitzt weiterhin auf dem Bett. »Erst spiel ich fertig!«, erklärt er. Es gibt ein kleines Gerangel und Emils Mutter erklärt immer wieder, dass das Bett dreckig werde und er doch auch den ganzen Vormittag im Sand gespielt habe und deshalb erst die Hände waschen müsse und außerdem das Essen auf ihn warte … Schließlich kommt Emil weinend zum Essen. Die Mutter ist erschöpft und frustriert.

ELTERN FÜHLEN SICH PERSÖNLICH ANGEGRIFFEN

Kinder lieben ihre Eltern und umgekehrt. Trotzdem haben wir Erwachsene im Alltag oft den Eindruck, dass unsere Kinder sich »trotzig« und widerständig, ja geradezu konfrontativ uns gegenüber benehmen. So nehmen wir ihr Verhalten schnell persönlich und haben häufig das Gefühl, dass sie grundsätzlich auf Auseinandersetzung und Kampf mit uns Erwachsenen aus sind. So auch Emils Mutter, die ihren Eindruck wie folgt beschreibt:

Ich habe fast das Gefühl, dass mein Sohn mich provozieren möchte und mich mit Absicht ärgern will. Er weiß ganz genau, dass er, nachdem er die Wohnung betreten hat, seine Hände waschen muss. Das ist eine Regel bei uns, die gilt jeden Tag und immer. Ich verstehe nicht, warum er das nicht einfach macht.«

Es sind oft Kleinigkeiten, die im Alltag mit unseren Kindern »schieflaufen« – aus Erwachsenensicht, und wir können nicht verstehen, warum das Kind eine für uns so geringfügig erscheinende Erwartung wie das Händewaschen nicht einfach erfüllt. Die Auseinandersetzungen beginnen oft schon am Morgen, wenn die Kinder müde sind, nicht aufstehen wollen und bis zum Frühstück alles ewig dauert. Und im Laufe des Tages ergeben sich zahlreiche weitere Situationen, in denen wir Kinder auf die immer selben Dinge hinweisen und wir immer wieder den Eindruck haben, dass sie zu langsam reagieren. Zum Beispiel, wenn sie ihre Jacke aufhängen, die Zähne putzen, die Hände waschen, den Tisch decken … sollen. Die Liste könnten Eltern wohl endlos weiterführen – eine Defizitliste. Denn meist schauen wir, was Kinder alles NICHT tun, anstatt zu sehen, was sie alles tun und was sie für ihre Verhältnisse im Lauf des Tages mit und für uns leisten.

Eltern sind heute oft gestresst und manchmal auch überfordert damit, Familie, Arbeit und Haushalt unter einen Hut zu bringen. Aus diesem Grund reagieren sie in Alltagssituationen mit UNGEDULD und UNVERSTÄNDNIS auf das anscheinend unkooperative Kind. So entsteht schnell ein Gegeneinander statt eines Miteinanders, und beide Seiten – Eltern und Kinder – sind frustriert, die Stimmung ist hin. Das Eltern-Kind-Verhältnis wird durch diese Form von Auseinandersetzungen unnötig belastet.

Statt Defiziten Kooperationen zählen

Weil wir uns schnell persönlich angegriffen und infrage gestellt sowie gestresst und überfordert fühlen, sehen wir oft nur, was unser Kind nicht macht. Und weil wir – aus Erwachsenensicht auch nachvollziehbar – wollen, dass der Alltag möglichst reibungslos funktioniert, geben wir dem Kind Anweisung über Anweisung, wie Emils Mutter: Schuhe ausziehen, Jacke aufhängen, Brotbüchse in die Küche bringen, Hände waschen, zum Essen kommen. Das sind fünf (!) Aufforderungen in einem einzigen Satz. Für uns Erwachsene sind solche Tätigkeiten und Abläufe zur alltäglichen Gewohnheit geworden. Wir verrichten sie oft unbewusst, so sehr haben wir sie verinnerlicht. Für uns stellt das also alles keine große Herausforderung dar, für Kinder aber sehr wohl. Wir verlangen mehr von ihnen, als sie leisten können. Das bedeutet auch: Wenn wir unsere Kinder nur daraufhin betrachten, ob und dass sie im Alltag »funktionieren«, wenn wir nur auf ihre vermeintlichen DEFIZITE schauen, dann überfordern wir sie, werden ihnen nicht gerecht und überschätzen ihre kindlichen Möglichkeiten. Aber wie kriegen wir es hin, dass wir als Eltern hier eine andere Perspektive einnehmen, uns mehr an den Kindern und ihrer Entwicklung orientieren?

DAS POSITIVE SEHEN

Damit Eltern hier einen neuen Blick auf ihre Kinder gewinnen können, ist ein Aspekt aus der Entwicklungspsychologie wesentlich: Kinder sind grundsätzlich Teamworker. Wenn wir das berücksichtigen und bei Konflikten und Auseinandersetzungen im Hinterkopf behalten, kann aus einem Gegeneinander, das für Kinder und Eltern anstrengend und zermürbend ist, ein Miteinander im Alltag werden.

Kinder wollen sich also nicht an uns Eltern »reiben«, wie es oft gesagt wird. Und wer genau hinsieht, kann im Alltag viele Beispiele für die Kooperationsbereitschaft von Kindern finden. Wir nehmen sie nur nicht wahr, weil sie so selbstverständlich ist. Führen Sie doch mal eine Woche lang ein »Kooperationstagebuch«, in das Sie jeden Abend notieren, wann Ihr Kind kooperiert hat. Bedenken Sie auch die Kleinigkeiten – Sie werden überrascht sein. Und nehmen Sie sich Zeit für das Miteinander, seien Sie nicht ungeduldig und genießen Sie, wenn Ihr Kind mit Ihnen zusammen Gemüse schneiden, die Waschmaschine befüllen, das Geschirr spülen, die Pflanzen gießen … möchte.

Vielleicht fragen Sie sich jetzt: Aber warum gibt es dann Momente, in denen diese grundsätzlich vorhandene Kooperationsbereitschaft von Kindern so weit absinkt (oder ganz verschwindet), dass wir unweigerlich das klare Gefühl haben, sie wären gegen uns?

WOHER KOMMT DIE VERWEIGERUNG?

Wenn Kinder das Teamworking aufgeben, kann das folgende ZWEI GRÜNDE haben (meist überschneiden sich sogar beide Aspekte):

- Der hohe Erwartungsdruck ÜBERFORDERT sie, wenn sie sich zu lange und zu sehr nach den Wünschen und Vorstellungen ihrer Eltern richten müssen.
- Ihr Vertrauen in die Beziehung wird beschädigt oder kommt ihnen ganz abhan-

KINDER SIND TEAMWORKER

Kinder wollen sich aufgrund ihrer Beziehungs- und Bindungsfähigkeit grundsätzlich mit uns verbinden und mit uns gemeinsam wirken. Erkenntnisse aus unterschiedlichen wissenschaftlichen Bereichen, etwa aus der Säuglingsforschung und der Entwicklungspsychologie, besagen, dass der Mensch bereits als soziales, beziehungsfähiges Wesen geboren wird. Dass Kinder von Natur aus aufsässig und widerständig wären, ist also ein Irrtum – das wissen wir heute. Allen voran hat der Schweizer Professor für Kinderheilkunde Remo Largo in seinen Büchern »Babyjahre« und »Kinderjahre« (siehe Seite 94) wesentliche Beiträge zu diesem Thema geliefert, die mich in dem bestärken, was ich als Pädagogin an Kindern beobachte: Kinder sind grundsätzlich zur Zusammenarbeit mit uns Erwachsenen bereit. Wenn wir das verstehen, können wir das frustrierende Gegeneinander überwinden.

den, wenn sie verletzt oder GEKRÄNKT und ihre Bedürfnisse missachtet werden. Niemals kündigen Kinder von sich aus die Zusammenarbeit mit uns Erwachsenen auf. Und nie geschieht eine solche Verweigerung grundlos. Wenn Kinder sich dem Zusammenwirken entziehen, ist das immer auch ein Ausdruck dafür, dass im Beziehungsgeflecht zwischen Erwachsenen und Kindern etwas in Schieflage geraten ist. Diese entsteht, wenn wir unseren Kindern ständig unseren Willen, unsere Regeln aufdrängen, sie kontrollieren, belehren und bevormunden und/oder ihnen mit Strafe drohen, falls sie unseren Anweisungen nicht Folge leisten. So verletzen wir überdauernd das Recht der Kinder auf die Befriedigung ihrer natürlichen Bedürfnisse.

Wichtig ist, dass wir Erwachsene die Reaktionen der Kinder ernst nehmen und sie einzuordnen wissen. Denn so erhalten wir Hinweise auf die Schieflage und können sie wieder ins Gleichgewicht bringen. Oft nehmen wir Erwachsene Signale aber gar nicht wahr, weil die Kinder nach außen hin dann doch kooperativ und loyal reagieren – während auf Dauer ihre seelisch-emotionale Entwicklung stark leidet oder sogar nachhaltig gestört werden kann. Auch Emil verweigert sich erst, kommt schließlich aber doch – weinend – zum Essen.

SITUATION ODER MUSTER?

Das Bedürfnis der Kinder nach Kooperation mit uns fällt uns Eltern in unserem defizitären Blick also erst mal gar nicht auf. Deshalb sollten wir die Erkenntnis darüber, dass Kinder Teamworker sind, in den Alltag und die Routine des gesamten Tagesablaufs integrieren. So können wir einen neuen Blickwinkel finden. Dazu gehört auch, sich zu fragen, was eigentlich dazu führt, dass Kinder gerade nicht kooperieren können. Ob sie situativ, also »nur« im Moment, oder ob sie dauerhaft gekränkt und überfordert wurden und sich so ein Muster verfestigt hat.

Überforderung vermeiden: Nicht zu viel verlangen!

Kinder geben immer Zeichen und Signale, wenn sie gekränkt und/oder überfordert sind. So hat auch Emil aus unserem Beispiel entsprechende Hinweise gegeben:

- EINGESCHRÄNKTE ANSPRECHBARKEIT: Er läuft (gegen seine sonstige Gewohnheit) an seiner Mutter vorbei. Reagiert nicht oder nur teilweise auf ihre Ansprache.
- RÜCKZUG: Er zieht sich auf sein Zimmer zurück. Hier sucht er dann noch den Rückzug auf sein Bett.
- ABGRENZUNG: Er vertieft sich in ein Spiel. Und er sagt, dass er für sich sein möchte: »Ich will nicht. Lass mich!«

Diese Signale – eingeschränkte Ansprechbarkeit, Rückzug, Abgrenzungsversuche – deuten darauf hin, dass Emil im Moment überfordert ist. Wir Eltern wissen solche Hinweise nur oft nicht zu lesen oder übergehen sie unbewusst. Und manchmal spüren wir die Überforderung zwar, wissen aber nicht, wie wir angemessen darauf reagieren sollen. Schauen wir noch einmal auf Emil und seine Mutter. An welcher Stelle kippt die Kommunikation und wann entsteht das Gegeneinander, die Konfrontation?

LEISTUNGEN SEHEN UND ANERKENNEN

Emil ist, ohne auf die ersten Worte seiner Mutter zu reagieren, an ihr vorbei und in sein Zimmer geflitzt. Er trägt noch seine Jacke und die Schuhe, die Mutter folgt ihm und fordert ihn auf: »Emil, bitte zieh die Schuhe aus und häng die Jacke auf! Deine Brotbüchse brauche ich auch in der Küche und wir waschen doch immer die Hände, wenn wir von draußen reinkommen.«

Emil ist vier Jahre alt. Er hat bereits einen langen Tag hinter sich. Er ist früh aufgestanden, hat sich angezogen, hat gefrühstückt und sich dann von seiner Mutter in den Kindergarten bringen lassen. Dort hat er viel erlebt. Neben einem hohen Geräuschpegel hat er Auseinandersetzungen und Begegnungen mit anderen Kindern gehabt, er hat gespielt und war in Kontakt zu seinen dortigen Bezugspersonen. Das alles sind wichtige Erfahrungen für ihn – es ist jedoch auch anstrengend und bringt ihn an seine emotionalen Grenzen. Und nun kommt er am Nachmittag aus dem Kindergarten, wo er eben diesen großen Herausforderungen ausgesetzt war, ebenfalls ständigen Aufforderungen gefolgt ist und vielfältige ANPASSUNGSLEISTUNGEN vollzogen hat. Als seine Mutter dann Alltägliches von ihm verlangt, kann Emil nicht mehr sofort kooperieren. Er zeigt es und spricht es auch aus: »Gleich, Mama, ich will nur kurz …«, versucht er sich etwas Luft zu verschaffen! Schnell sind wir Eltern genervt davon, wenn im Alltag mit Kindern nicht alles so zügig geschieht, wie wir uns das vorgestellt haben. So auch Emils Mutter: »Nein, jetzt«, unterbricht sie ihn genervt. »Du weißt das doch alles, warum machst du das denn nicht?«

Hier wird Emil nun auch noch mit einem VORWURF konfrontiert: »Du weißt es doch – warum machst du es nicht?« Das ist zu viel für ihn. Wenn Emil bisher noch einigermaßen ansprechbar und auch durchaus bereit schien, nach einer kurzen Pause (»Ich will nur kurz …«) wieder zu kooperieren, so sinkt nach diesem Vorwurf seine Bereitschaft dazu mehr als deutlich: Er verzieht das Gesicht und dreht den Kopf weg. »Ich will nicht!«, sagt er entschlossen. Emil zeigt nun Widerstand, der aus einer Überforderung heraus entstanden ist, und signalisiert: Jetzt entscheide ich. Er drückt das so aus: »Erst spiel ich fertig!«

Und das ist die Stelle, an der wir Eltern den Widerstand unserer Kinder als Herausforderung für einen MACHTKAMPF sehen und diese auch annehmen. Wir sehen es bei Emils Mutter: Sie wird zunehmend ärgerlich und erklärt immer wieder, dass das Bett dreckig werde und er doch auch den gesamten Vormittag im Sand gespielt habe und deshalb erst die Hände waschen müsse.

NIEMAND IST PERFEKT – AUCH BEMÜHTE ELTERN NICHT

Manchmal sind die Situationen einfach so. Auch wir Erwachsene haben einen anstrengenden Tag und sind überfordert. So kann es passieren, dass die Überforderung bei Groß und Klein aufeinandertrifft und dann alles in einem verbalen Gerangel endet. Tatsache ist jedoch auch, dass beide – Kinder und Eltern – sich unverstanden fühlen und unglücklich in diesem Gegeneinander zurückbleiben. Wir können das nicht immer vermeiden. Aber öfter! Denn wir können die Erkenntnis, dass Kinder nicht grundsätzlich widerständig sind, in solchen Momenten nutzen. Ebenso wie die Erkenntnis, dass Kinder ein Autonomiebedürfnis haben und Raum für eigene Entscheidungen brauchen. Dieser Raum kann in einem solchen Konflikt maßgeblich dafür sein, dass die Kooperationsbereitschaft (wieder) steigt.

EINEN SCHRITT ZURÜCKTRETEN

Wichtig ist also, Kindern den Rückweg in die Kooperation mit uns zu erleichtern und aus dem Machtkampf mit ihnen ganz bewusst auszusteigen, indem wir ihnen eigene Entscheidungen zugestehen. Oft braucht es hier gar nicht viel: Wir müssen nur einen kleinen Schritt zurücktreten, statt immer mehr auf die Kinder einzureden. Im Beispiel von Emil könnte das folgendermaßen aussehen.

Emil kommt mit seinem Papa nach seinem Kindergartentag nach Hause. Kaum hat sein Vater die Tür aufgeschlossen, drückt Emil sich an ihm vorbei. »Hallo, Emil«, ruft seine Mutter. »Ich bin in der Küche, komm, wir wollen gleich essen.« Emil rennt an der Küche vorbei in sein Zimmer, wirft seinen kleinen Rucksack in die Ecke und klettert auf sein Bett. Seine Mutter kommt dazu. »Werde ich gar nicht begrüßt?«, fragt sie und streckt den Kopf ins Zimmer. »Komm bitte, wir wollen gleich essen.« Sie verzieht genervt ihr Gesicht, als sie sieht, dass Emil – noch in Jacke und mit Schuhen an den Füßen – auf dem Bett spielt. »Emil, bitte zieh die Schuhe aus und häng die Jacke auf! Deine Brotbüchse brauche ich auch in der Küche und wir waschen doch immer die Hände, wenn wir von draußen reinkommen. Und dann komm bitte schnell zum Essen.«

Emil scheint sehr beschäftigt: »Gleich, Mama, ich will nur kurz …« – »Was möchtest du, Emil?«, fragt seine Mutter. »Nur kurz spielen …« – »Aha! Meinst du, es dauert lange? Ich warte mit dem Essen schon eine ganze Weile!« Emil schaut auf: »Ich will aber jetzt!« – »Das verstehe ich, vielleicht kannst du jetzt alles vorbereiten und nachher dann spielen? Ich gehe schon mal vor und du kommst gleich, ja?« Emil nickt stumm mit dem Kopf. »Ach, und kannst du bitte dann auf dem Weg zum Essen deine Brotbüchse mitbringen?« – »Ohhhhh«, stöhnt Emil, »immer die blöde Brotbüchse!« Emils Mutter kann die Überforderung spüren. »Wenn du sie mir aus deinem Rucksack gibst, dann nehme ich sie jetzt mit in die Küche«, macht sie Emil ein Angebot. Emil springt auf, kramt seine Brotdose aus dem Rucksack und streckt sie seiner Mutter hin. »Komm, Emil, ich helf' dir aus der Jacke, die sollten wir auch noch aufhängen.« – »Warte, Mama«, sagt Emil darauf, »ich muss noch meine Schuhe ausziehen.« Er setzt sich auf den Boden und beginnt, seine Schuhe aufzuschnüren. Seine Mutter wartet geduldig. Emil gibt ihr Brotbüchse und Jacke und sagt: »Die Schuhe bringe ich gleich mit nach vorne.« – »Gut!«, antwortet seine Mutter »Bis gleich.«
Es dauert keine fünf Minuten, da ist Emil vorne, wäscht sich mit seinem Vater gemeinsam die Hände und sitzt zufrieden am Esstisch.

Was hat Emils Mutter nun gemacht? Wie hat sie auf die eingeschränkte Ansprechbarkeit, den Rückzug und die Abgrenzung von Emil reagiert?

- MACHTKAMPF VERMEIDEN: Emils Mutter konnte feinfühlig ihre eigene Erwartung und den Wunsch, dass ihr Sohn zunächst seine Jacke aufhängt und so weiter, zugunsten seines Bedürfnisses nach einer kurzen Verschnaufpause zurückstellen.
- VERSTÄNDNIS zeigen: Sie konnte Emil mit Verständnis begegnen (»Das verstehe ich«), ohne ihre grundsätzliche Position, dass jetzt gleich gegessen wird, aufzugeben (»Ich warte schon eine ganze Weile«), und sie konnte spüren, dass Emil gerade überfordert ist (»Ohhh … immer die blöde Brotbüchse!«).
- KOMPROMISSE UND UNTERSTÜTZUNG anbieten: So hat sie Emil einen kleinen Kompromiss vorgeschlagen (»Vielleicht kannst du alles vorbereiten und später spielen?«) sowie Unterstützung angeboten (»Wenn du mir die Brotbüchse gibst, nehme ich sie jetzt mit in die Küche.«) und so mit Emil gemeinsam die Anforderungen sortiert und Druck aus der Situation genommen.

- RÄUME FÜR AUTONOMIE schaffen: Sie hat Emil den Kompromiss vorgeschlagen und dann gesagt: »Ich gehe schon mal vor.« Sie vertraut hier darauf, dass ihr Sohn selbstständig zum Essen kommen wird.

Wenn Eltern diese Schritte berücksichtigen, kann aus einem Gegeneinander ein Miteinander werden. Hier dürfen Sie Mut zum Ausprobieren haben, denn nicht immer gibt es sofort eine Lösung. Das dürfen Eltern dann benennen: »Ich will jetzt essen und du spielen.« In einem weiteren Schritt können Sie Ihr Kind fragen, ob es selbst vielleicht eine Idee hat, was jetzt ein guter Weg wäre. Kinder sind hier sehr kreativ und geben wertvolle Anregungen. Sie werden überrascht sein, wie leicht es sein kann, aus einem Machtkampf auszusteigen.

WENN KINDER SICH DAUERHAFT VERWEIGERN

Manchmal ist die Beziehung zwischen Eltern und Kind so verfahren, dass die Erwachsenen den Eindruck bekommen, mit ihren Anliegen überhaupt nicht (mehr) gehört zu werden. Dann kommt es regelmäßig zu Eskalationen und Machtkämpfe verfestigen sich, was bei Kindern dann zu einer dauerhaften Kränkung und Überforderung führen kann.

Die Eltern der achtjährigen Sara schildern mir in der Beratung folgende Situation: Ihre mittlere Tochter sei zunehmend »aufsässiger« geworden, suche ständig Streit mit ihren Geschwistern und beschimpfe sie, die Eltern. Im Gespräch wurde deutlich, dass sie das Gefühl hatten, von ihr nicht wahrgenommen zu werden: »Wenn wir sie für die Hausaufgaben ermahnen oder zurechtweisen, dann wird sie entweder frech oder verstummt ganz – schaut uns nicht mal an. Starrt nur auf den Boden«, erzählt die Mutter. Der Vater beklagt sich, dass Sara bei Auseinandersetzungen nie zuhören wolle: »Ich unterbreche sie dann schon und sage ihr, dass sie still sein soll, wenn ich als ihr Vater rede.«

Bei Sara haben verschiedene Aspekte zu einer Mischung aus Überforderung und dauerhafter Kränkung geführt: Ihr Gefühl, den Ansprüchen und (für sie zu hohen) Erwartungen der Eltern nicht gerecht zu werden, gepaart mit der abwertenden Art der Kommunikation (»Wenn ich als Vater rede, bist du still.«). In der Folge verweigert sie die Kooperation auf ganzer Linie. Da Saras Verhalten nicht als Signal gelesen wurde, haben sich Konflikte verfestigt.

Zu einer Kränkung kommt es, wenn wir einem Kind ständig (oft unbewusst) angebliches Fehlverhalten vorwerfen. Seine Verweigerung ist immer ein Hinweis darauf, dass es emotionale Unterstützung benötigt. Dann gilt es zu überlegen, wo eine Kränkung entstanden sein und eine Überforderung vorliegen könnte. Manchmal ist hierfür eine Beratung hilfreich. Außerdem ist es wichtig, Kränkung und Überforderung anzusprechen und Verständnis zu zeigen: »Es TUT MIR LEID, dass ich dir das Wort abgeschnitten habe. Ich möchte gerne wissen, wie es dir geht. Lass es uns noch mal probieren!« Und: »Ich sehe, dass du gerade viel zu tun hast und erschöpft bist. Kann ich etwas tun, um dich zu unterstützen?« Das Kind empfängt dann folgende Botschaften: Meine Eltern sehen und verstehen mich. Mein Gefühl (Alles ist zu viel!) stimmt, ich fühle richtig. Ich darf mir Unterstützung und Hilfe von meinen Eltern holen.

DAS PROJEKT »ALLTAG« ZUSAMMEN MEISTERN

Gemeinsam etwas zu tun und Erlebnisse zu teilen stellt den Kern unseres Zusammenlebens mit Kindern dar und spielt eine wesentliche Rolle in der Eltern-Kind-Beziehung. Im Alltag passiert es jedoch, dass wir uns zu wenig Zeit nehmen und so emotionale Bedürfnisse von Kindern übersehen und vernachlässigen. Und damit jeden Tag alles gut funktioniert, wollen wir das Leben und das Zusammenleben mit klaren Regeln und entsprechenden Sanktionen organisieren, was häufig zu Machtkämpfen führt und das Familienleben unnötig belastet. Es ist nachvollziehbar, dass all dies aus der Schnelllebigkeit unserer heutigen Zeit heraus geschieht. Ebenso, dass Eltern sich damit nicht wohlfühlen. Aber dennoch: Kinder haben das Recht auf die Befriedigung ihrer emotionalen Bedürfnisse, die wir oft übergehen. Gemeint ist beispielsweise das Bedürfnis nach:

- Anerkennung,
- Zugehörigkeit,
- Körperkontakt
- Wertschätzung,
- Liebe und Verbundenheit,
- Loyalität sowie
- das Bedürfnis danach, gesehen und beachtet zu werden und eine Bedeutung zu haben.

ALLTAGSSITUATIONEN NUTZEN

Im gemeinsamen Tun werden alle diese Bedürfnisse erfüllt. Nehmen wir ein scheinbar belangloses »gemeinsames Projekt« wie zum Beispiel den Tisch decken. Gerne halten wir die Kinder zu dieser Tätigkeit an. Nicht nur, weil wir vielleicht Hilfe benötigen, sondern auch und vor allem, weil wir denken: Kinder müssen und sollen lernen, dass sie sich in einer sozialen Gemeinschaft engagieren und für diese auch Aufgaben übernehmen. Auch sollen sie lernen, dass man sich gegenseitig hilft! Hier ist er wieder, der herkömmliche Erziehungsgedanke. Nachvollziehbar – jedoch überflüssig. Kinder lernen, dass man sich hilft, wenn wir ihnen helfen. Wir müssen das Tischdecken nicht in eine Regel (»Jeder hilft mit, den Tisch zu decken«) verpacken.

VERBUNDENHEIT IM FAMILIENRITUAL

Wir können die Kinder EINLADEN, mit uns gemeinsam tätig zu werden, und das Tischdecken so einfach zu einem (Familien-)Ritual machen. Vertrauen Sie darauf, dass Kinder Teamworker sind und dabei sein wollen. Sie haben das Bedürfnis, sich mit uns zu verbinden, und wollen die Beziehung in gemeinsamen Aktionen spüren. Denn jeder ist wichtig und alle werden gesehen mit dem, was sie beitragen: Der 10-Jährige, der das Tablett mit Geschirr tragen oder auch die schwere, heiße Teekanne auf den Tisch stellen kann, die 6-jährige Schwester, die jedem Familienmitglied ein Messer an den Teller legt, der 3-Jährige, der die Butter an den Tisch bringt und so auch mit dabei ist und ebenfalls zum gemeinsamen Tischdecken beiträgt. Das Ritual findet tagtäglich und selbstverständlich statt als lebendiges Miteinander. Oft lassen wir solche Alltagssituationen und somit kostbare Momente und günstige Gelegenheiten ungenutzt verstreichen. Oder es geht uns nicht schnell genug, wir lassen den Kindern dann zu wenig Zeit und machen lieber gleich alles selber – weil ja der Tisch vermeintlich jetzt sofort gedeckt werden muss. Vielleicht passt das Tischdecken als gemeinsames Ritual in Ihrem Familienalltag gerade nicht. Dann finden Sie sicher andere Möglichkeiten, INTENSIVE BEGEGNUNGEN herzustellen und Aktivitäten mit Ihren Kindern zu teilen (zum Beispiel aufräumen, die Wäsche aufhängen, einkaufen …).

BESONDERE GEMEINSAME PROJEKTE

Neben den gemeinsamen Alltagsritualen sind auch andere gemeinsame Projekte wichtig, um sich im gemeinsamen Tun zu spüren: So machen Eltern und Kinder eine wesentliche Erfahrung miteinander, wenn sie zum Beispiel im Team ein Baumhaus bauen. Dabei ist ein Miteinander unerlässlich, denn es sind viele verschiedene Fähigkeiten gefragt: Ein Plan entsteht und es braucht Werkzeug. Welches, und

wer besorgt es? Wer kann am besten klettern und wer am besten tragen? Oder ganz grundsätzlich gefragt: Wer kann was besonders gut und kann so das gemeinsame Projekt bereichern und nach vorne bringen? Im Lauf des Prozesses erwerben Kinder dann auch viele Fertigkeiten, was sie als ebenso beglückend erleben wie das gemeinsame Tun mit ihren Eltern. Und es entsteht zwischen allen Beteiligten ein unsichtbares Band der VERBUNDENHEIT. Im gemeinsamen Projekt werden die emotionalen Bedürfnisse von großen und kleinen Menschen erfüllt und ihre Beziehung zueinander gefestigt.

GEMEINSAM ZU MEHR GLÜCK UND ZUFRIEDENHEIT

Die Erfahrung, Verantwortung im gemeinsamen Projekt übernehmen zu dürfen, hat großen Einfluss auf die Entwicklung des Selbstwertgefühls, die wohl als das entscheidende Merkmal für das gesunde Aufwachsen von Kindern betrachtet werden kann. Das Selbstwertgefühl kann wachsen, wenn wir von einer uns nahestehenden Person die Botschaft erhalten: »Du bist okay, so wie du bist.« Diese Botschaft ist der Samen, der genährt wird durch die Erfahrung, im gemeinsamen Tun mit anderen Menschen für diese WERTVOLL und WICHTIG zu sein.

Daneben ist auch die Erfahrung der Selbstwirksamkeit grundlegend für ein gesundes emotionales Wachstum. Gerade in gemeinsamen Aktivitäten mit den Eltern können Kinder sich als selbstwirksam erleben, denn wenn sie bewusst Aufgaben übertragen bekommen oder übernehmen, können sie auch deutlich sehen, was sie selbst bewirkt haben. Diese Selbstwirksamkeit empfinden Kinder bei größeren Projekten noch stärker als bei Alltagsaktionen. Die Bedeutsamkeit unseres Handelns wahrzunehmen ist ein wesentlicher Grund dafür, dass wir zufrieden sein und Glück empfinden können.

WAS KINDER BRAUCHEN – WIE BEZIEHUNG GELINGT

Kinder brauchen zum gesunden Aufwachsen vor allem eine vertrauensvolle und konstruktive Beziehung zu ihren Eltern. Diese kann nur dort wachsen, wo Macht nicht missbraucht wird. Macht haben Eltern ja per se. Die Frage ist also, wie wir aus dieser elterlichen Macht heraus verantwortlich im Sinne der Kinder agieren und unsere Liebe in wertschätzendem Handeln ausdrücken können, statt machtvoll (und nicht selten gewaltvoll) unsere Interessen gegen die emotionalen Bedürfnisse der Kinder durchzusetzen.

Von ERziehung zu BEziehung, vom Gegeneinander zum Miteinander: Das wird nicht von heute auf morgen geschehen. Es ist ein grundlegender Bewusstseinswandel, der bei uns selbst und unserer eigenen Familie beginnt. Kinder brauchen also Eltern, die sich auf diesen Prozess einlassen, Eltern, die sich selbst hinterfragen und sich hinterfragen lassen. Und Eltern, die Werte wie Achtsamkeit, Wertschätzung, Vertrauen, Verantwortung und das gemeinsame Miteinander im gleichwertigen Dialog immer wieder in den Mittelpunkt ihres Familienlebens stellen. So kann eine vertrauensvolle, fürsorgliche, stabile Eltern-Kind-Beziehung wachsen und gelingen.

BÜCHER, DIE WEITERHELFEN

Dornes, Martin: Die emotionale Welt des Kindes. *Fischer*

Juul, Jesper: Nein aus Liebe. Klare Eltern – starke Kinder. *Kösel*

Kohn, Alfie: Liebe und Eigenständigkeit: Die Kunst bedingungsloser Elternschaft, jenseits von Belohnung und Bestrafung. *Arbor*

Largo, Remo: Babyjahre. Entwicklung und Erziehung in den ersten vier Jahren. *Piper*

Kinderjahre. Die Individualität des Kindes als erzieherische Herausforderung. *Piper*

Miller, Alice: Am Anfang war Erziehung. *Suhrkamp*

Neubronner, Dagmar: Der Neufeld-Ansatz für unsere Kinder. *Genius*

Renz-Polster, Herbert: Kinder verstehen. Born to be wild: Wie die Evolution unsere Kinder prägt. Mit einem Vorwort von Remo Largo. *Kösel*

Saalfrank, Katharina: Du bist ok, so wie du bist – Beziehung statt Erziehung. *Goldmann*

Saalfrank, Katharina: Kindheit ohne Strafen. *Beltz*

Schneider, Wolfgang/Lindenberger, Ulman (Hrsg.): Entwicklungspsychologie. Vormals Oerter & Montada. Mit Online-Materialien. *Beltz*

Stern, Daniel: Mutter und Kind – die erste Beziehung. *Klett-Cotta*

Die Lebenserfahrung des Säuglings. *Klett-Cotta*

BÜCHER AUS DEM GRÄFE UND UNZER VERLAG

Bohlmann, Sabine: Ein Löffelchen voll Zucker... und was bitter ist, wird süß

Illing, Stephan: Kinderkrankheiten verstehen und behandeln

Juul, Jesper: Vier Werte, die Kinder ein Leben lang tragen.

Vier Werte, die Eltern und Jugendliche durch die Pubertät tragen

Keicher, Ursula: Kinderkrankheiten

Renz-Polster, Herbert/Imlau, Nora: Schlaf gut, Baby!: Der sanfte Weg zu ruhigen Nächten

Soldner, Georg/Vagedes, Jan: Das Kinder-Gesundheitsbuch

Stellmann, Michael/Soldner, Georg: Kinderkrankheiten natürlich behandeln

Stumpf, Werner: Homöopathie für Kinder

IMPRESSUM

Text:
Katharina Saalfrank

Satz, Lektorat & Herstellung:
bookwise GmbH, München

Covergestaltung:
ki 36, Sabine Krohberger

Bildnachweis:
Umschlag vorn: stocksy/Raymond Forbes. Umschlag hinten: li. Marisa Howenstine (Unsplash); re. Kelli McClintock (Unsplash).
Innen: Stocksy: S. 4, 14, 35, 38, 57, 79; Juliane Liebermann (Unsplash): S. 8; iStockphoto: S. 10, 24; Steven van Loy (Unsplash): S. 18; Alberto Casetta (Unsplash): S. 23; Brina Blum (Unsplash): S. 26; iStock: S. 31, 84; Michal Janek (Unsplash): S. 41; Kelli McClintock (Unsplash): S. 44; Sharon McCutcheon (Unsplash): S. 49; Ben Wicks (Unsplash): S. 52; Kelly Sikkema (Unsplash): S. 60; GettyImages: S. 62, 82; Aaron Burden (Unsplash): S. 65; Benjamin Manley (Unsplash): S. 68; Max Goncharov (Unsplash): S. 72; S.B. von Lanthen (Unsplash): S. 76; Markus Spiske (Unsplash): S. 89; Simon Berger (Unsplash): S. 92.

Druck und Bindung:
Aumüller Druck GmbH & Co. KG in Regensburg

FSC
www.fsc.org
MIX
Papier aus verantwortungsvollen Quellen
FSC® C017373